Marcus Bastek

Der Angst entkommen

Marcus Bastek

Der Angst entkommen

NEUFELD VERLAG

Dieses Buch ist auch als E-Book erhältlich:
ISBN 978-3-86256-788-1

Folgende Bibelübersetzungen wurden verwendet:

ELB: Elberfelder Bibel 2006 © 2006 by SCM R. Brockhaus
in der SCM Verlagsgruppe GmbH, Witten/Holzgerlingen

LUT: Die Bibel nach Martin Luthers Übersetzung, revidiert
2017 © 2016 Deutsche Bibelgesellschaft, Stuttgart

NLB: Neues Leben. Die Bibel © der deutschen
Ausgabe 2002/2006/2017 SCM R. Brockhaus in der
SCM Verlagsgruppe GmbH, Witten/Holzgerlingen

GNB: Gute Nachricht Bibel, revidierte Fassung, durchgesehene
Ausgabe © 2000 Deutsche Bibelgesellschaft, Stuttgart.

BB: BasisBibel © 2021 Deutsche Bibelgesellschaft, Stuttgart.

Die Deutsche Bibliothek verzeichnet diese Publikation in der
Deutschen Nationalbibliografie; detaillierte bibliografische
Daten sind im Internet über www.d-nb.de abrufbar

Umschlaggestaltung: spoon design, Olaf Johannson
Umschlagabbildung: Joshua Earle/unsplash.com
Satz: Neufeld Verlag
Herstellung: CPI – Clausen & Bosse, Birkstraße 10, 25917 Leck

© 2022 Neufeld Verlag, Sauerbruchstraße 16, 27478 Cuxhaven
ISBN 978-3-86256-179-7, Bestell-Nummer 590 179

www.neufeld-verlag.de

Bleiben Sie auf dem Laufenden:
newsletter.neufeld-verlag.de
www.**facebook**.com/NeufeldVerlag
www.neufeld-verlag.de/**blog**

NEUFELD VERLAG

n^v

»Der HERR wird für euch kämpfen.
Ihr aber sollt still sein.«
Exodus 14,14 (BB)

INHALT

EINLEITUNG

Liebe Leserin, lieber Leser,

es ist meine tiefe Überzeugung, dass Gott den festen Willen hat, dass du ein Leben ohne Angst führst. Dass du ein Leben lebst, in dem dir keine deiner bewussten oder auch unbewussten Entscheidungen von der Angst diktiert wird. Ich glaube und habe es selbst erlebt, dass Gott einen sehr guten Plan hat, wie er diesen seinen feststehenden Willen umsetzt. Und ich weiß, dass es nicht nur theoretisch möglich ist, sondern wirklich passiert. Und wenn es in meinem Leben passiert, dann kannst auch du das erleben. Mit diesem Buch möchte ich dich einladen, dich auf diesen unglaublichen Weg zu begeben, auf dem Gott dich ins Land der Freiheit führt.

Wenn dich solche Worte zu Beginn eines Buches skeptisch machen, kann ich das gut verstehen. Weil das alles nach einem dieser Heilsversprechen klingt, mit denen man sehr erfolgreich Aufmerksamkeit für sich generiert. Am Ende stehen dann meistens Frustration und Ernüchterung. Einfach, weil fast alle Heilsversprechen nichts als heiße Luft sind. Das liegt daran, dass der Heilsversprecher gar nicht die Macht hat, seine

Versprechen zu halten. Ich werde dir in diesem Buch aber zeigen, dass die Befreiung von deiner Angst die wesentliche Grundlage des Heils ist, das Gott höchstpersönlich dir verspricht. Nicht ich. Und weil er alle Macht hat, wird er dieses Versprechen halten. Und ganz besonders, wenn du skeptisch bist, wünsche ich mir sehr, dass du dieses Buch kritisch liest. Denn auch dir gilt diese Botschaft.

Gott ist mit mir auf diesem Weg, von dem ich hier rede, schon viele Meilen gegangen. Und doch bin ich noch nicht am Ziel. Aber ich habe mittlerweile ein paar Dinge verstanden, die es leichter machen, diesen Weg zu gehen. Und ich folge jetzt dem Impuls Gottes, mit dem er mir sagt, dass ich aufschreiben soll, was ich mit ihm erlebt und was ich über die Angst gelernt habe. Er hat mir aufs Herz gelegt, diesen Weg nicht für mich zu behalten oder als meine Privatsache zu betrachten. Du sollst davon profitieren, wenn du diesen Weg auch gehen willst. Es ist ein Abenteuer, das dir richtig was abverlangen wird. Aber es wird dich auch reich beschenken. Gott hält dir jedenfalls seine ausgestreckte Hand entgegen.

ANGST, DIE GEISSEL DER CHRISTEN

Angst gehört zum Leben jedes Menschen. Sie ist eine selbstverständliche Begleiterin und überall dabei: Im ruhigen Fahrwasser des Alltags, in den besonderen Situationen, in den Tälern und auf den Höhen, an jedem einzelnen Tag.

Angst erfüllt dabei eine sehr wichtige Funktion: In Gefahrensituationen übernimmt sie kurzzeitig die Kontrolle und sorgt durch verschiedene psychische und körperliche Mechanismen dafür, dass wir für einen Augenblick besonders leistungs-, konzentrations- und widerstandsfähig sind. So kann sie uns in Extremsituationen das Leben retten.

Angst hat also in unserem Leben eine Daseinsberechtigung, aber in genau dieser Daseinsberechtigung liegt schon das Problem: Die Angst will uns um jeden Preis am Leben halten. Die Wahrheit ist aber, dass sie auf lange Sicht damit scheitern wird.

Wir alle werden sterben, früher oder später. Daran kann nichts und niemand etwas ändern, auch nicht die Angst. Es ist völlig klar, dass die Angst besonders aktiv wird, wenn wir mit dem Tod konfrontiert sind. Wir alle sind mit der unausweichlichen Tatsache konfrontiert, dass wir sterben werden. Und weil niemand von uns den Zeitpunkt kennt, an dem unser Leben endet, hängt dieser schleichende Tod wie ein Damoklesschwert über unserem Leben.

Es mag sein, dass die Angst in der akuten Bedrohung hilfreich ist. Angesichts dieses schleichenden Todes ist sie jedoch lähmend, beklemmend und absolut entmutigend. Denn die

Angst will nur, dass du überlebst. Ob dein Leben lebenswert
ist, interessiert sie nicht.

Angst ist also viel mehr als ein Beschützer in Notfällen oder
eine Hormonausschüttung, die uns in dramatischen Lagen
überleben lässt. Sie will mehr. Mehr Raum, mehr Macht, mehr
Einfluss, mehr von dir. Und in den meisten Fällen bekommt
sie, was sie will. Sie wird zum Problem für uns, sobald sie ihre
Macht nicht auf kurze Momente der Lebensgefahr beschränkt,
sondern uns dauerhaft beeinflusst, indem sie uns vorgaukelt,
wir seien ununterbrochen in Gefahr.

Die Grenze zwischen begründeter Angst und außer Kontrolle geratener Angst ist fließend. Und die Angst kennt sehr
viele sehr perfide Tricks, wie sie diese Grenze unbemerkt über-
schreiten kann. Da es in ihrer Natur liegt, uns die Kontrolle zu
entreißen, haben wir kaum Möglichkeiten, sie in ihre Schranken zu weisen, wenn sie sich erst einmal bei uns breit gemacht
hat. Und das geschieht viel schneller, als wir das für möglich
halten.

Es ist wichtig, das Folgende zu wissen: Nur weil die Angst
uns hin und wieder zu Entscheidungen antreibt, die uns schüt-
zen und damit etwas Gutes bewirken, macht es sie selbst noch
lange nicht gut. Die Angst ist gewissermaßen unser Diener,
der sich aber leider nicht damit zufriedengibt, Diener zu bleiben. Er überschreitet immer und immer wieder seine Kom-
petenzen und arbeitet daran, König zu werden. Dieser Diener
hat ursprünglich eine gute Aufgabe, aber sein eigentliches An-
sinnen ist es, uns zu beherrschen. Die Angst will in unserem
Leben das Sagen haben. Sie will allein regieren.

Und im Leben eines Menschen, der sich dafür entschieden
hat, dass Gott allein das Sagen hat, wird die Angst folgerichtig
stets daran arbeiten, unsere Beziehung zu Gott zu sabotieren.

Wir sind gegen diesen Herrschaftsanspruch der Angst nicht völlig chancenlos und können es schaffen, sie zurückzudrängen. Aber es ist blauäugig, zu glauben, sie würde sich irgendwann mit ihrer Diener-Rolle abfinden.

In erster Linie ist die Angst eine Macht in unserem Leben, die uns von Gott abkoppeln will – und damit von Vertrauen, Hoffnung und Liebe. Das macht sie so problematisch. Die Angst arbeitet ständig und unermüdlich daran, dass du Entscheidungen triffst, die sich für dich richtig anfühlen und dich in vermeintlicher Sicherheit wiegen, dich aber von Gott wegtreiben. Sie ist dabei äußerst wandelbar und hat viele Gesichter, die sie hinter noch mehr Masken versteckt. Es gibt Menschen wie mich, bei denen die Angst auf solch fruchtbaren Boden fällt und sich dermaßen ausbreitet, dass sie als Krankheit für den Menschen und sein Umfeld auffällig wird. Die Mehrheit der Menschen lässt sich aber von der Angst beherrschen, ohne jemals ein Problembewusstsein dafür zu entwickeln, ohne es überhaupt zu merken.

Egal, zu welcher dieser Gruppen du gehörst und egal, für wie mutig du dich hältst, glaube mir: Du hast ein Problem mit der Angst. Und ganz besonders gilt das, wenn du ein Christ bist. Menschen, die Jesus nachfolgen, sind die Lieblingsopfer der Angst.

Es gibt kaum einen effektiveren Weg, unsere Nachfolge zu torpedieren, als uns Angst ins Herz zu pflanzen. Ängstliche Christen kümmern sich nur um sich, statt Nächstenliebe zu leben. Sie sehen auf ihre Sorgen statt auf Jesus. Sie wollen einfach nur überleben, statt ihr Leben mit Gutem füllen zu lassen. Und sie versuchen, sich selbst Sicherheiten zu schaffen, weil sie nicht auf Gott vertrauen können – zumindest nicht vollkommen. Langsam schleicht sich die Angst in ihrem Leben auf den Thron, ohne dass sie das bewusst wahrnehmen.

Ich bin seit über zehn Jahren Pastor. Zu Beginn meines Diens-
tes dachte ich noch, die Angst wäre mein spezielles Problem,
meine Schwachstelle. Ich dachte, sie sei eins von vielen möglichen Problemen und zufällig halt das, mit dem ich mich her-
umschlagen muss. Andere Leute hätten andere Probleme, die
ihren Glauben angreifen.

Dann lernte ich im Laufe der Zeit viele Christen und ihre
Probleme kennen. Ich lernte Gemeinden aus einer ganz anderen Perspektive kennen. Ich beobachtete, wie Christen in
Mitarbeiter- und Leitungsteams Entscheidungen treffen. Ich
begriff, dass fast alle Konflikte und Fehlentscheidungen in
Gemeinden auf die Angst der beteiligten Menschen zurückzuführen sind. Und mir wurde mit der Zeit sehr deutlich:
Wir alle haben ein Problem mit der Angst. Sie ist nicht mein
individuelles Problem, sie hat mich nur besonders kräftig ge-
packt. Aber sie schreibt uns allen – oder fast allen – vor, wie
wir unsere Glaubensentscheidungen treffen. Und sie malt uns
unfassbar falsche und zerstörerische Gottesbilder vor Augen,
die Kirche und Gemeinde von Anfang an völlig fehlgeprägt
haben, bis heute viel Unheil anrichten und verunsicherte, ver-
ängstigte und irrlichternde Gläubige hinterlassen, die man
kaum noch so nennen kann.

Wenn es einen Teufel gibt und eine Hölle und eine Welt
der Dämonen, dann ist die Angst ganz sicher der Chefdämon.
Sie ist das Mittel der Wahl, wenn es darum geht, entschiedene
Jesus-Nachfolger aus der Bahn zu werfen. Sie kommt zum
Zuge, wenn Christen Großes erreichen können und das ver-
hindert werden soll. Sie ist der Endgegner für Teams, Gemeinden, Ehen, Familien und Glaubensbiografien. Sie kann einen
ganzen Blumenstrauß an psychischen Erkrankungen auslösen.
Und sie lächelt mir in fast jedem seelsorgerlichen Gespräch
aus der Verzweiflung von Menschen siegessicher entgegen.

Ihre stärkste Waffe aber ist, dass sie sich sehr gut verstecken kann. Denn es sind nicht nur die offensichtlich Gescheiterten, die von der Angst regiert werden, sondern gerade die, die sich für mutig, stark und unverwundbar halten und die Angst nie persönlich kennengelernt haben. Gerade die sind ihre Marionetten, ohne es zu wissen oder zu reflektieren. Sie sind besonders leichte Opfer, weil sie ihren eigentlichen Feind nicht kennen.

DIE DREI GROSSEN ZIELE DER ANGST

Das Hauptziel der Angst ist ein zerstörtes Vertrauensverhältnis zu Gott. Dieses Ziel steht hinter allen Aktionen der Angst, zumindest hinter denjenigen, mit denen sie ihren zugewiesenen Bereich als »Notfallprogramm« in Extremsituationen überschreitet. Und so unterschiedlich und individuell die Angst auch bei jedem Menschen vorgehen mag, die Etappenziele auf dem Weg zu einer zerstörten Beziehung zu Gott sind immer dieselben. Die Angst bemächtigt sich dabei einiger Emotionen und Funktionen, die für uns als Menschen wichtig sind, die aber auch gegen uns verwendet werden können. In meinem Leben, im Leben von Menschen, die ich begleitet habe und in allen möglichen Gemeindekontexten habe ich die Angst an drei Etappenzielen arbeiten sehen.

Das erste Ziel der Angst ist es, dass Menschen sich vor Gott schämen. Scham ist eine massive, mächtige Emotion. Sie führt dazu, dass wir uns – oder Teile von uns – verstecken und für unwürdig halten. Im menschlichen Zusammenleben hat Scham eine wichtige Funktion, Gott gegenüber ist sie aber paradox. Wer sich vor Gott schämt, versucht etwas vor jemandem zu verstecken, der alles sieht und weiß.

Das ist nicht nur unmöglich, es führt auch zu einem dauerhaften Zustand der Lähmung, weil wir glauben, dass Gott die ganze Zeit unser Versagen und unsere Schuld vor Augen hat, was unsere Scham wiederum vergrößert. Was für ein tiefes Gefühl der nicht enden wollenden Erniedrigung!

Ich kenne so viele Christen, die sich zutiefst vor Gott schämen, weil sie es nicht hinkriegen, so zu sein oder zu leben, wie sie meinen, dass es Gottes Wille sei. Oder wie es ihnen beigebracht wurde. Oder wie es augenscheinlich all die vermeintlich tollen Christen um sie herum können und tun. Leider war und ist es häufig ein Teil christlicher Erziehung, schon kleinen Kindern ein Wertekorsett einzuimpfen, das als gottgewollt und einzig richtig angesehen wird. Dazu gesellt sich die Angst, die uns sagt, dass Gott uns sicher böse ist und uns letztlich töten wird, wenn wir nicht in dieses Korsett passen. Die Angst will uns weismachen, dass Gott die ganze Zeit unsere Fehler sucht und uns dafür bloßstellt und bestraft. Wenn ich bedenke, wie viele Christen ich kenne, die unfassbar schlecht über sich selbst denken und Gott gar nicht mehr begegnen können, ohne sich unwürdig und schlecht dabei zu fühlen, scheint die Angst sehr erfolgreich beim Erreichen ihres ersten Zieles zu sein.

Die einen igeln sich wegen ihrer Scham ein und werden passiv oder gar depressiv, die anderen treibt ihre Scham in aktionistische Entschlossenheit. Das sind Christen, die glauben, ein guter Christ zeichne sich durch Mut und Zuversicht in jeder Situation aus. Christen, die darum krampfhaft versuchen, Schwäche und Angst aus ihrem Leben und aus ihren Gemeinden zu verdrängen. Sie bauen eine entsprechend glänzende Fassade auf und blicken verächtlich oder mitleidig auf alle Ängstlichen herab. Was für ein Selbstbetrug! Denn kurioserweise haben sie Angst davor, ängstlich zu sein – oder auch nur so zu wirken. Sie bauen starke Kirchen mit fitten, tatkräftigen Leuten und klaren Hierarchien. Sie werden für viele andere Christen zu großen Vorbildern im Glauben. Was sie anpacken, scheint durchgehend gesegnet zu sein. Gerne wird übersehen, dass sie

egoistische und unbarmherzige Entscheidungen treffen, die so
gar nicht dem entsprechen, was Jesus vorgelebt hat. Sie halten
sich für große Kämpfer für das Gute. Doch letztlich sind auch
ihre Taten und Worte angstgetränkt. Die eigentliche Motivation hinter ihrem Handeln und Reden ist die Angst, die ihnen
verbietet, schwach zu sein, weil sie dann die Gunst Gottes verlieren könnten.

Diese Angst ist in ihrem Leben von außen sichtbarer, als
sie es sich jemals eingestehen würden. Wenn Menschen solche
Christen und solche Kirchen kennenlernen, können sie sich
oft nicht mit dieser Truppe von scheinbar mutigen Glaubens-
helden identifizieren. Viele lassen sich blenden und versuchen
mitzuhalten, doch die meisten Leute durchschauen irgendwann diese Fassade und stellen fest, dass Christen eben nur
so tun als ob. Und das macht die gesamte christliche Botschaft
unglaubwürdig.

Diese Botschaft, das Evangelium, wurde von Beginn an
von Menschen weitergetragen, die mit ihrer Schwachheit und
Angst konfrontiert wurden und die sich beidem gestellt hatten. Das Evangelium wird heute aber leider sehr häufig mit
den Mitteln der Stärke und Perfektion von Strahlemännern
und -frauen vermittelt, die ihre Schwächen nach außen nicht
zu zeigen imstande sind und den Eindruck erwecken, sie selbst
brauchten Gottes Gnade gar nicht.

Das ist ein großer Erfolg der Angst, ihr zweites großes Ziel,
bei dem sie Schützenhilfe oft ausgerechnet von den besonders
überzeugten Christen bekommt: *Menschen sollen der guten
Botschaft von Gottes Gnade nicht glauben.*

Leider gibt es dann noch die Christen, die das Potenzial der
Angst für sich entdecken, um damit andere Leute auf Linie zu
halten und zu kontrollieren. Solche Christen fangen an, selbst

Angst zu predigen und ihr eine Bühne zu geben. Die Angst wird zu ihrem Berater, ihrem Freund und ihrem Götzen. Auch sie meinen, sie täten damit letztlich etwas Gutes, aber in Wahrheit führen sie damit oft Hunderte und Tausende Menschen auf Irrwege. Denn wer aus Angst glaubt, glaubt nie an Gott, sondern immer nur an irgendwelche menschengemachten Gottesbilder. Nichts anderes sind Götzen: falsche Bilder von Göttern, die von Menschen erdacht und angefertigt wurden. Betrügerische Figuren, die nichts mit Gott zu tun haben, die wir aber neben ihn auf seinen Thron stellen. Götzen bringen uns dazu, uns aus der alleinigen Abhängigkeit von Gott zu entfernen und uns stattdessen von Menschen, Kirchen und Dogmen abhängig zu machen. Von Werten, Traditionen, Ritualen, Ansichten, Gruppendynamiken und Gesetzen.

Und das ist das dritte große Ziel der Angst, mit dem sie ihr eigentliches Premiumziel erreicht: *Menschen sollen andere Götter neben Gott haben.*

In der Coronakrise wurden diese Früchte der Angst besonders deutlich. Aus purer Panik vor einer Infektion igelten sich sehr viele Christen ein und isolierten sich komplett von jeder geistlichen Gemeinschaft. Der Unterschied zwischen angstgesteuertem und vernünftig-vorsichtigem Verhalten wird in so etwas wie einer Pandemie im Unterschied zum Gemeindealltag deutlich sichtbar. Auch hier: Natürlich betreibt die Angst Infektionsschutz. Und wir können denken, dass sie Recht behält, wenn wir gesund geblieben sind. Dabei übersehen wir aber die Nebenwirkungen der Angst und wie sie uns unfrei macht und kontrolliert.

Andere Christen verfielen in eine Art Corona-Aktionismus und versuchten händeringend, irgendein Programm auf die Beine zu stellen und Mut und Gelassenheit zu versprühen.

Dahinter stand oft aber nicht der Antrieb, anderen beizustehen und zu helfen, sondern die Angst davor, irrelevant und
nutzlos zu sein. Für uns Pastorinnen und Pastoren ist diese
Angst eine treue Begleiterin unseres Dienstalltags und so
musste ich mir auch immer wieder die Frage stellen, aus welchem Antrieb heraus wir Livestreams, Videoandachten und
Online-Hauskreise auf den Weg brachten.

Und dann waren da noch die Christen, denen Corona in
die Karten spielte. Christen, die Droh- und Gerichtsbotschaf-
ten brauchen, um eine Angstkulisse und damit den ungesun-
den Zusammenhalt ihrer Gemeinden aufrechtzuerhalten. Da
passte eine weltweite Pandemie natürlich gut ins Konzept:
»Seht ihr, haben wir doch immer gesagt!« Überzeugte Christen, die angeblich Jesus im Herzen tragen und Gott sehr lieben,
sagten oder deuteten an, die Pandemie sei eine Strafe Gottes.

Wer so etwas behauptet und sich dafür Bibelstellen zu-
rechtstutzt und verbiegt, muss eine furchtbar große Angst vor
Gott haben – oder eben Gott gar nicht kennen, sondern nur
verquere Götzen. Oder er macht das bewusst, um Menschen
einzuorden. Keine dieser Alternativen kann aus Gottes Geist
der Freiheit kommen. Die Coronapandemie erzeugte all diese
Probleme nicht, sie machte sie nur sichtbar: Große Teile der
christlichen Landschaft sind geprägt von Angst. Angst, die
uns in Isolation zwingt oder in blinden Aktionismus. Angst,
wegen der wir uns nicht mehr nach Gottes Liebe ausrichten,
sondern nach Anerkennung und Relevanz. Angst, die manche
von uns sogar dazu bringt, sich mit einer tödlichen Infektions-
krankheit zu verbünden. Dank Corona hatte der Chefdämon
Angst gute Gründe, die Korken knallen zu lassen.

Es geht aber auch anders: Ich habe Christen kennengelernt,
an denen sich die Angst die Zähne ausbeißt. Und zwar nicht,

weil sie ein Gottesvertrauen aus Granit hätten und mit einem unerschütterlichen Glauben quasi zur Welt gekommen wären, sondern weil sie sich in ihrem Leben ihren Ängsten und Schwächen gestellt haben oder stellen mussten. Das sind Menschen, die durch tiefe Täler gegangen sind, in denen sie gelernt haben, sich vor Gott nicht mehr zu schämen und stattdessen seine Gnade wirklich an sich heranzulassen. Menschen, die Prozesse durchlebt haben, die sie an ihre Grenzen und darüber hinausgeführt haben. Ich habe den Eindruck, dass solche Konfrontationsprozesse sehr hilfreich sind, um auf erneute Krisen mit mehr Gelassenheit und Gottvertrauen zu reagieren als zuvor. Und oft führen diese Erfahrungen dazu, dass Menschen Gottes Gnade besser verstehen und sie viel stärker annehmen können. Und das führt wiederum dazu, dass sie selbst mehr und mehr Gnade und Annahme leben.

Der erste Schritt auf diesem Weg ist, dass wir verstehen: Die Angst ist unser Feind. Das klingt rigoros und vielleicht auch etwas pathetisch. Ich weiß, dass viele Psychotherapeutinnen versuchen, ihren Patienten einen gesunden Umgang mit der Angst beizubringen. Sie sagen ihnen, die Angst sei eigentlich ihr Freund und dass sie mit ihr leben können. Das ist der Versuch, die Angst wieder zum Diener zu degradieren. Das kann besonders in akuten Angstzuständen sicherlich eine sehr wertvolle Perspektive sein. Wenn die Angst in ihre eigentliche Rolle zurückkehrt, kann sie wieder hilfreich sein und dann sogar auf Probleme hinweisen, um die man sich kümmern sollte. Die Patientinnen können so wieder ein Stück Kontrolle zurückgewinnen, was natürlich ein wichtiges Therapieziel ist.

Es ist nichts Schlechtes daran und hat sicher vielen Menschen geholfen, diesen Versuch zu unternehmen. Natürlich ist eine degradierte Angst besser als eine außer Kontrolle geratene Angst. Aus meiner Sicht funktioniert das trotzdem aber nur vorübergehend. Meine Erfahrung ist: Wenn der Diener einmal Blut geleckt hat und weiß, dass er eine reelle Chance hat, die Macht zu ergreifen, wird er genau das immer wieder versuchen. Ich kann ihn degradieren und ihn gut im Auge behalten, aber vertrauen kann ich ihm nicht mehr. Und das sollte ich auch nicht.

In meinem Leben hat es nicht funktioniert, die Angst zu degradieren, sie wieder zu integrieren und ihr damit weiterhin eine Rolle im Leben zuzugestehen. Ihren Machtanspruch auf mein Leben hat sie nie aufgegeben und wird es nicht tun. Darum bin ich dankbar, dass Gott mit mir den zweiten Schritt gegangen ist und wir sie aus dem Haus geworfen haben.

Gott bietet uns Menschen immer wieder Vergebung und Neuanfänge an. Aber nicht der Angst. Sie hat ihr Recht auf einen Platz in unserem Leben in dem Moment verloren, als sie nach der Macht griff und Gott seinen Platz streitig machte.

Ich bleibe dabei: Die Angst ist unser Feind. Sie ist ein riesiges Problem, dem wir uns stellen müssen. Denn sonst wird sie weiterhin die Macht haben, uns von dem erfüllenden und lebenswerten Leben wegzutreiben, das Gott uns schenkt. Dann wird die Gnade Gottes womöglich für immer ein leerer theologischer Begriff für uns sein, der keine Auswirkung auf uns und unsere Umgebung hat.

Ich habe meiner Angst in die Augen geschaut. Ich habe sie als meinen Todfeind kennengelernt, und zwar leider besser, als ich es für nötig gehalten hätte. Und ich habe angefangen, mich ihr zu stellen, was sich leicht sagt, aber sehr schwierig ist. Ich kenne den Schmerz, der Angst ausgeliefert zu sein. Und ich kenne den Schmerz, ihr ins Gesicht zu sehen und die Entscheidung zu treffen, sich von ihr ab sofort nichts mehr sagen zu lassen. Und ich weiß, was dann passiert. Darum schreibe ich dieses Buch.

Ich werde dir später noch ausführlich von meiner Angst erzählen. Und davon, wie Gott mir liebevoll und geduldig beibrachte, ihr das Wasser abzugraben. Meine Geschichte kann aber nur ein kleines Beispiel sein, denn die Angst macht sich leider die Mühe, in deinem Leben ganz anders nach der Macht zu greifen als in meinem. Und es gibt keine goldenen Rezepte, wie man sie loswird. Meine Geschichte mit der Angst soll deshalb nicht die Grundlage für dieses Buch sein. Im Vergleich mit dem Kampf, den Gott kämpft, um dich von deiner Angst zu befreien, ist meine Geschichte sowieso eher unbedeutend. Von diesem Kampf Gottes gegen die Angst im Leben seiner Kinder berichtet uns die Bibel. Und das schauen wir uns gemeinsam an. Wir werden feststellen, dass dieser Kampf Gottes in der Bibel einen ziemlich großen Stellenwert hat. Immer, wenn's ans Eingemachte geht, geht es auch um diesen Kampf. Ich sag' ja: Wir alle haben ein Problem mit der Angst. Aber Gott löst dieses Problem. Lass mich dir erzählen, wie er das tut.

1

DER GROSSE KAMPF GOTTES
GEGEN DIE ANGST

DIE SCHLANGE

Die Bibel beginnt mit zwei Schöpfungserzählungen. Die erste davon beschreibt die Schöpfung direkt in den ersten fünf Versen so, dass Gott das Chaos und Durcheinander ordnet. Schöpfung bedeutet also Ordnung. Physikalisch betrachtet besteht diese Ordnung aus den Naturgesetzen. Gott baut einen Raum, in dem sich Dinge nach einem bestimmten Muster verlässlich wiederholen, damit wir Menschen sicher darin leben können. Die Welt, die gerade noch chaotisch war, hält sich jetzt an Regeln. Seit Gott das am Anfang so festgelegt hat, hält sich das Universum tatsächlich peinlich genau daran. Und das ist eine wesentliche Voraussetzung dafür, dass es Leben gibt. Wir können überhaupt nur existieren, weil es diese Ordnung gibt.

Nehmen wir unsere Küche. Mindestens einmal am Tag herrscht dort das totale Chaos. Chaos ist ein zufälliger Zustand, einfach alles durcheinander. Kochen erzeugt sozusagen neben dem Hauptprodukt Mahlzeit auch ganz viel Schmutz und Wirrwarr. In diesem Zustand ist es egal, wo in dieser Unordnung jetzt genau die Knoblauchpresse rumliegt. Wenn ich dann die Küche aufräume, weise ich der Knoblauchpresse wieder einen beabsichtigten Ort zu. Damit treffe ich eine Entscheidung für eine ganz bestimmte Ordnung. Chaos ist beliebig, Ordnung ist aber genau bestimmt. Die Entscheidung, wie ich ordne, gefällt aber meiner Frau nicht immer. Und umgekehrt. Gerne räumt sie auch mal in einem Anfall von Wahnsinn irgendwelche Schrankinhalte um. Meistens dann, wenn ich mich gerade daran gewöhnt habe, wo was hinmuss. Wenn wir beide unterschiedlicher Meinung sind, wo die Knoblauchpresse ihren Platz hat, führt das früher oder später zum potenziellen Konflikt. Im Chaos wäre das egal, für die Ordnung aber wichtig. [Anmerkung meiner Frau: Wenn ich mich an ihre Ordnung halte, gibt's auch keinen Konflikt. Klingt logisch…]

Indem Gott unseren Lebensraum baut, entscheidet er sich für eine ganz bestimmte Ordnung. Er bestimmt sozusagen, wo in der Küche der Schöpfung die Knoblauchpresse hingehört. Er plant alles bis ins letzte Detail. Dass Blätter an Bäumen grün sind und der Himmel blau und nicht umgekehrt. Wie viele Beine ein Tausendfüßler hat (es sind übrigens maximal 680!) oder dass das Licht im Vakuum ziemlich genau 299 792 458 Meter pro Sekunde schnell ist. Dass Nilpferde unter Wasser schlafen können und dabei – ohne aufzuwachen! – an die Oberfläche schwimmen, um Luft zu holen. Oder dass Ü50-Ehepaare mit Outdoorjacken im Partnerlook herumlaufen.

Dass Gott entscheidet, wie genau die Ordnung aussieht, in der wir leben, ist solange kein Problem, wie wir ihm vertrauen, dass er das gut und richtig macht. Und genau das ist das Einfallstor der Angst. Die zweite Schöpfungserzählung berichtet uns davon, wie die Menschen in Gottes Schöpfung leben und kein Problem damit haben, sich an Gottes Ordnung zu halten. Ganz einfach, weil sie ihm vertrauen. Er ist ihr Freund. Doch dann tritt die Schlange auf.

Die Schlange wird in der Regel als Symboltier für den Teufel verstanden. Ich habe allerdings schon immer die Angst in ihr gesehen. Schlangen kriechen unbemerkt heran, flüstern mit gespaltener Zunge und ihr Gift lähmt ihre Opfer, damit sie sie in Ruhe verschlingen können. Es gibt kein besseres Bild für die Angst als die Schlange.

Gott hatte den Menschen gesagt, dass sie alles essen dürfen, aber nicht die Früchte vom Baum in der Mitte des Gartens. Denn davon würden sie sterben. Das war allerdings keine Drohung, so wie es oft missverstanden wird. Gott wollte für die Menschen ganz einfach das Leben. Und er wusste, dass das Misstrauen ihm gegenüber zum Tod führt. Die Schlange meint es besser zu wissen. Sie behauptet, dass die Menschen keinesfalls daran sterben würden, diese Frucht zu essen. Und scheinbar behält sie Recht. Aber nur scheinbar. In Wahrheit essen die Menschen von der Frucht und sterben so den langsamen Tod, den jeder stirbt, in dessen Leben die Angst regiert.

Es ist die Angst, die zu den Menschen spricht: »Gott weiß, dass eure Augen geöffnet werden, wenn ihr davon esst. Ihr werdet sein wie Gott und das Gute vom Bösen unterscheiden können« (Genesis 3,5 – NLB). Die Angst tut so, als wäre sie unsere Verbündete und Gott unser Gegner. Sie sagt: »Du bist begrenzt. Du kannst und darfst nicht alles. Gottes Ordnung setzt dir Grenzen. Warum tut er das? Weil er eigentlich dein Feind ist. Er will dich unterdrücken und dich kleinhalten.«

Mit dieser Botschaft erreicht die Angst alle drei Ziele, die sie hat: Die Menschen fangen an, sich vor Gott für ihre Nacktheit zu schämen. Also für das, was und wie sie nun mal sind. Sie misstrauen der Gnade Gottes. Und es tritt ein neuer Gott in ihr Leben, der den Thron besteigen will: Die Erkenntnis von Gut und Böse. Sie wollen fortan selbst entscheiden, was richtig und falsch ist, ohne dabei auf Gott und seine Vorstellungen hören zu müssen. Dabei geht es nicht um einen frech-dreisten Trotz Gott gegenüber, der Adam und Eva hier gern unterstellt wird. Sondern ganz im Gegenteil: Die Menschen entwickeln eine tiefe Angst vor Gott.

Sie glauben jetzt, dass er gegen sie ist und sie deshalb auf ihre eigene Erkenntnis angewiesen sind. Sie fühlen sich alleingelassen und auf sich gestellt. Die Angst zwingt sie, nicht mehr auf Gott zu hören, sondern ihren eigenen Weg zu suchen. Und dieser Weg führt, wie wir alle wissen, raus aus dem Paradies, raus aus der spürbaren Nähe Gottes. In eine Welt, in der die Angst regiert. Noch heute ist diese Angst vor Gott schmerzhaft präsent unter Christen. Es ist diese Angst, die uns bis heute vom Paradies einer gesunden Beziehung zu Gott abschneidet. Noch heute stehen wir unter diesem Baum und lassen uns von der Angst einreden, dass wir uns gegen Gott absichern müssen, weil er sicherlich etwas Böses im Schilde führt. Und darum beißen wir in die Frucht. Die Schlange lässt uns keine Wahl.

Die Angst sät Misstrauen gegenüber Gott in unser Leben. Und sie gibt sich sehr viel Mühe damit. Sie ist unglaublich geschickt darin. Sie kriecht und flüstert. Aber dann verspritzt sie ihr Gift und lähmt uns, um uns verschlingen zu können. Sie versucht unermüdlich, uns zu Entscheidungen zu überreden, die uns von Gott trennen. Und wenn genug Beziehungsstörung da ist und wir so viel Misstrauen Gott gegenüber angehäuft haben, dass wir ihm nicht mehr zutrauen oder ihn gar nicht mehr bitten wollen, uns zu helfen, dann lähmt sie uns mit ihrem Gift. Dann hat sie uns da, wo sie uns haben will.

Wir müssen verstehen, dass das Gefühl der Angst (also das, was ein Kaninchen vor der Schlange fühlt) nicht der Beginn ihrer Arbeit ist, sondern eine Frucht. Das Problem fängt sehr viel früher an. Die Angst fängt sehr viel früher an, in und an und mit uns zu arbeiten. Nur da merken wir es halt noch nicht und fallen auf ihre Lügen herein.

Aber wie hat es die Angst überhaupt ins Paradies, in die Schöpfung Gottes geschafft? Wie hat sie Zugang bekommen? Hat Gott sie am Ende sogar eingeplant in seiner Ordnung? Hätte er der Schlange nicht mindestens den Zutritt zum Garten Eden verwehren müssen? Nein. Die Angst ist im wahrsten Sinne des Wortes ein Abfallprodukt der Schöpfung. Gott entscheidet sich für eine ganz bestimmte Ordnung und damit ist unweigerlich die Frage ermöglicht: »Warum diese und keine andere Ordnung?« Diese Frage ist immer der Ausgangspunkt der Angst, um Misstrauen in unser Leben zu bringen. Die Angst verstummt erst, wenn wieder das Chaos herrscht, das Gott mit seiner Schöpfung beseitigt hatte. Erst dann hat sie wirklich Feierabend. Solange wird sie fleißig daran arbeiten, unser Leben ins Chaos zu stürzen. Die Schlange aus der zweiten Schöpfungserzählung schleicht sich heute an Millionen von Christen heran und flüstert ihnen ins Ohr: »Warum tut Gott dieses und lässt jenes? Sicher, dass er es gut meint mit dir? Also, ich weiß ja nicht…« Wenn wir dann in die Frucht beißen, um uns abzusichern, ist das in Wirklichkeit der Schlangenbiss der Angst, mit der sie uns lähmt, um uns zu verschlingen. Und sie ist verdammt erfolgreich damit.

Das weiß ich, weil ich zu ihren Opfern gehöre.

DAS ERSTE GEBOT

Warum ist Gott so eitel? Warum will er den Thron für sich allein? Wieso ist es so ein riesiges Problem, wenn wir auch andere Dinge oder Menschen verehren? Ich meine: Solange er an allererster Stelle steht, ist doch alles gut, oder? Oder hat Gott vielleicht etwa Angst, dass er irgendwann nicht mehr die erste Geige spielt? Macht er sich Sorgen, ob andere Götter vielleicht attraktiver sind als er? Einen besseren Job machen? Mehr Verehrung bekommen? Hat Gott am Ende solche unangenehmen narzisstischen Züge, die ihn ausrasten lassen, wenn irgendetwas seine Macht und Alleinherrschaft bedroht? Ist er ernsthaft eifersüchtig? Gott? Eifersüchtig? Ist er ein selbstverliebter Herrscher, blind vor Geltungssucht? – diese Fragen stelle ich mir schon seit meiner Kindheit, als ich die Zehn Gebote kennenlernte.

Nicht nur, dass Gott die Menschen aus dem Paradies warf, als sie seiner alleinigen Macht gefährlich wurden. Nein, als er mit den Zehn Geboten die wichtigsten Grundregeln für sein Volk festlegt, ist der erste Paragraph, das erste Gebot, das vor allen anderen steht: »Du sollst keine anderen Götter neben mir haben« (Exodus 20,3 – GNB). Das ist nicht nur das erste Gebot von allen, sondern inklusive Ausführungen auch das mit Abstand umfangreichste unter den Zehn Geboten. Es ist Gott offensichtlich wichtiger als die Verbote, zu töten, die Ehe zu brechen, zu stehlen, zu lügen usw. Und ich habe erst sehr spät verstanden, warum das so ist.

Ich kenne nur zwei sinnvolle Erklärungen für Gottes Alleinherrschaftsanspruch. Die erste Erklärung ist, dass Gott ein Despot ist. Wenn das tatsächlich stimmt, dann kannst du jetzt sofort dieses Buch zuschlagen. Weil dann alles, was ich hier schreibe, Unfug ist. Wenn Gott ein Despot ist, dann ist es nicht er, den ich in meinem Leben kennengelernt habe. Dann ist es nicht er, der mich getragen und mich so liebevoll und zärtlich von den Fesseln der Angst befreit hat.

Die andere Erklärung, die mir einfällt: Gott kämpft gerade einen Kampf. Es ist ein Kampf, den wir nicht sehen und nicht kennen. Ein Kampf gegen eine Bedrohung, die uns packen und vernichten will, aber wir sind uns ihrer nicht bewusst. Und Gott ruft uns zu: »Das Wichtigste, was ihr jetzt wissen müsst: Bleibt dicht an meiner Seite! Alles andere später! Alles andere ist zweitrangig! Lasst euch nicht blenden und vertraut keiner Stimme außer meiner!«

Als stünden wir mit verbundenen Augen und auf den Rücken gefesselten Händen auf einem Schlachtfeld, mitten im tosenden Krieg, völlig orientierungslos und blind. Und Gott verteidigt uns gegen die Angriffe auf unser Leben. Schlag auf Schlag wehrt er mit seinem Schwert die Hiebe ab, die uns treffen sollen. Alles, was wir tun können, ist, an seiner Seite zu sein und keinen Millimeter zu weichen. Uns an seinem Hosenbein festzuklammern wie ein Kleinkind bei seinen Eltern. Und ganz genau zu tun, was er sagt. Auf nichts und niemanden zu hören, außer auf ihn allein. So stelle ich mir Gott vor, als er Mose die Gebote diktiert, und nicht wie einen abgehobenen Herrscher auf seinem goldenen Thron, der seine Lakaien auf Loyalität testet, um alle Untreuen zu bestrafen.

Der Feind, gegen den Gott auf diesem Schlachtfeld kämpft, ist die Angst. Und der einzige Weg, wie wir der Angst entkommen können, ist, das erste Gebot zu halten. Wir können sie nicht aus eigener Kraft besiegen. Wir können ihr nicht entkommen. Wir können nicht einmal etwas zum Sieg beitragen.

Wir können nur eins tun: In Gottes Schutz bleiben. Und das erste Gebot ist der Weg, das zu tun. Die kompromisslose Entscheidung, allein der Rettung Gottes zu vertrauen und sich nirgendwo sonst festzuklammern, ist der einzige Beitrag, den wir in diesem Kampf beisteuern können.

Es ist wie beim Motorradfahren. Ich selbst bin kein Motorradfahrer und ich habe auch nicht vor, einer zu werden, auch wenn ich die Faszination dafür grundsätzlich nachvollziehen kann. Meine Überzeugung, dass Motorradfahren eine waghalsige bis lebensmüde Aktion ist, entstammt auch nicht der Angst, sondern der Vernunft, da bin ich mir sicher. Trotzdem bin ich hin und wieder mal mitgefahren auf einem Motorrad. Als Mitfahrer vertraust du dem Fahrer buchstäblich dein Leben an. Du sitzt auf diesem Ofen und bist ausgeliefert. Du hast keinen wirklichen Einfluss auf die Fahrt, weder auf Geschwindigkeit noch auf die Richtung.

Dich am Fahrer festzuklammern und das Beste zu hoffen, ist alles, was du tun kannst – zumindest, wenn du heil ankommen willst. Denn der Mitfahrer kann durchaus zur Gefahr werden, wenn er sich unangemessen verhält, zum Beispiel durch völlig falsche Gewichtsverlagerung, durch sonstige hektische Bewegungen oder wenn er versucht, unterwegs abzusteigen. Wenn der Mitfahrer einen Sturz herbeiführen will, dann kann er das. Er hat durchaus die Macht, die Fahrt zu behindern. Wenn er aber gesund und unverletzt am Ziel ankommen will, sollte er den Anweisungen des Fahrers folgen und sich festklammern.

So verstehe ich das erste Gebot: Wir sitzen hinten auf dem Motorrad Gottes und er sagt zu uns: »Wenn du unverletzt ankommen willst, klammere dich fest. Und zwar nur an mir. Höre auf niemanden sonst. Mehr musst du nicht wissen. Alles andere klären wir dann, wenn wir angekommen sind.«

Gott spricht im ersten Gebot auch davon, dass er »eifernd«
ist. Das wird von einigen Bibelübersetzungen mit dem Wort
»eifersüchtig« übersetzt, was deshalb unglücklich ist, weil
damit nicht das gemeint ist, was wir heute unter Eifersucht
verstehen. Wir meinen damit nämlich eine zerstörerische, ich-
bezogene Verletztheit, wegen der wir Kontrolle über andere
ausüben und ihnen die Freiheit nehmen. Ich wiederhole mich:
So ist Gott nicht. Hier ist eine kämpferische Liebe gemeint,
die sich nicht damit zufriedengibt, einen Menschen einfach zu
verlieren. Keine eifersüchtige, kranke Liebe. Sondern tiefe und
wahre Liebe. Eine Liebe, die so mächtig kämpft, dass dieser
Kampf über Generationen hinweg Spuren hinterlässt:

> *Du sollst sie weder verehren noch dich vor ihnen zu Boden*
> *werfen, denn ich, der Herr, dein Gott, bin ein eifersüch-*
> *tiger Gott! Ich lasse die Sünden derer, die mich hassen,*
> *nicht ungestraft, sondern ich kümmere mich bei den*
> *Kindern um die Sünden ihrer Eltern, bis in die dritte und*
> *vierte Generation. Denen aber, die mich lieben und meine*
> *Gebote befolgen, werde ich bis in die tausendste Genera-*
> *tion gnädig sein.*   *Exodus 20,5–6 (NLB)*

Auch ich habe aus diesen Zeilen jahrelang eine Drohbotschaft
gelesen. Aber der einfache Zahlenvergleich sagt schon alles:
Der Hass gegen Gott hat drei bis vier Generationen lang Konsequenzen für die Menschen.

Als Deutsche wissen wir sehr genau, wovon die Rede ist,
denke ich. In der NS-Zeit wurde eine ganze Generation bewusst in ihrer Bindung zu den Eltern massiv gestört. Man
wollte keine mitfühlenden, empathischen Menschen, sondern
kalte und harte Soldaten als Kanonenfutter. Und so wurden
die Eltern angewiesen, ihren Kindern ihre Liebe zu entziehen.

Dazu gab es groß angelegte und perfide geplante Propaganda-Projekte. Dass man Kinder schreien lassen soll, dass das sogar die Lungen stärke und dass Kinder schnellstmöglich ein eigenes Zimmer und Bett bekommen sollen – dass man sich sonst einen »Haustyrann« heranzieht und die Kinder »verweichlichen«, wenn man ihnen Liebe gibt, all das sind Ideen dieser Propaganda.

Und sie sind furchtbarerweise noch heute zu hören und zu lesen. Die Umsetzung dieser Ideen ist gefährlich und wird es Kindern ihr Leben lang sehr schwer machen, Glück und Liebe zu empfinden. Studien, die sich damit beschäftigt haben, konnten nachweisen, dass die erlernte Bindungsstörung eines Menschen zu 80 Prozent von dessen Kindern übernommen wird. Es braucht also tatsächlich drei bis vier Generationen, damit nicht mehr die Mehrheit einer Generation von der Störung betroffen ist.

Genau da stehen wir heute in Deutschland. Angesichts der Vergangenheit unseres Volkes finde ich es sehr nachvollziehbar, dass der Hass gegen Gott, der sich bei den Nazis eben auch darin äußerte, Kindern Liebe zu entziehen, einige Generationen Nachhall erzeugt. Darum ist es so wichtig, dass wir unsere Kinder so sehr lieben wie wir gerade eben können und es ihnen an jedem einzelnen Tag deutlich zeigen, indem wir ihre Bedürfnisse ernst nehmen und für sie da sind, wann immer sie uns brauchen. Das ist im besten Sinne antifaschistisch, denn geliebte Kinder werden zu Erwachsenen, die fähig sind, dem Hass etwas entgegen zu setzen.

Aber jetzt schau dir mal die andere Zahl an: Liebe zu Gott hat gute Auswirkungen auf tausend folgende Generationen. Tausend! Ein bisschen Mathe: Mit der Geschlechtsreife, also mit etwa 13 Jahren, zeugen Menschen die nächste Generation. Der Schnitt liegt da im Verlaufe der Jahrhunderte sicher etwas höher, aber selbst wenn wir für jede Generation nur diese 13 Jahre einrechnen, sind jetzt gerade mal etwa 250 Generationen vergangen, seit Mose die Tafeln mit den Geboten den Berg heruntertrug. 250 Generationen nur. Von tausend. Wir erleben heute noch die Segensspuren, die vor Urzeiten die Liebe eines Abraham oder eines Mose oder eines Königs David zu Gott hinterlassen haben.

Gott will sich nicht rächen und Leute fertigmachen, die sich nicht zu ihm halten. Er will, dass wir seinen Segen erleben. Und darum will er, dass wir keine Opfer oder Untertanen der Angst werden. Das ist ihm wichtiger als alles andere. Es ist die Grundlage für ein befreites Leben als Kind Gottes. Und darum das erste Gebot.

Ich werde in diesem Buch noch ausführlich beschreiben, was es für mich bedeutet, das erste Gebot zu halten, und wie groß die Befreiung war, als ich es aus ganzem Herzen tat.

ÄGYPTEN UND DIE ANGST

Gott eröffnet die Zehn Gebote mit folgender Ansage:

Ich bin der Herr, dein Gott, der dich aus der Sklaverei in Ägypten befreit hat. Exodus 20,2 (NLB)

Bevor Gott seinem Volk Regeln gibt, an die es sich halten soll, erinnert er es an das mit großem Abstand wichtigste Ereignis im Alten Testament: den Auszug aus Ägypten, den sogenannten Exodus. Der Exodus ist das Ereignis, das im Alten Testament am häufigsten erwähnt wird. Immer wieder wird er in Erinnerung gerufen und spielt eine sehr große Rolle für die Beziehung zwischen Gott und seinem Volk. Diese Befreiung war nicht nur eine Befreiung von äußerem Zwang, sondern auch eine Befreiung von der Angst. Es war das Ereignis, in dem Gott seinen Sieg über die Angst so deutlich gemacht hat, dass er in den Zehn Geboten sagen kann: »Ihr habt gesehen, was ich kann und was ich für euch tue. Deshalb sollt ihr mir jetzt vertrauen und keine Götter neben mir zulassen.«

Ich empfehle dir, die Geschichte des Auszugs aus Ägypten als Ganzes nachzulesen. Sie steht in den ersten 16 Kapiteln im Buch Exodus.

Das wichtigste und größte jüdische Fest, Passah, ist eine jährliche Erinnerung an den Auszug aus Ägypten. Bei der Passahfeier setzt Jesus für seine Jünger das Abendmahl ein, mit dem auch wir Christen bis heute regelmäßig diesen Anlass feiern. Es ist nämlich kein Zufall, dass Festnahme, Folter und Kreuzigung Jesu zum Passahfest geschehen.

Der Exodus und die Kreuzigung sind unterschiedliche Schlachten des gleichen Krieges – des Krieges Gottes gegen die Angst. Wer Abendmahl feiert, erinnert sich also nicht nur an den Tod Jesu, sondern auch an die Befreiung aus der Gefangenschaft. Beides gehört eng zusammen. Beides steht für das machtvolle Eingreifen Gottes, das uns rettet.

Ägypten ist im wahrsten Sinne des Wortes der Angstfeind des Volkes Israel. Es war schon immer so und es ist bis heute so. Ägypten ist ein übermächtiger Gegner und eine ständige Bedrohung. Wir verbinden heute mit dem alten Ägypten vor allem Hochkultur, Pyramiden und wirtschaftliche sowie militärische Überlegenheit. Eine frühe, hochentwickelte Zivilisation mit hohem Bildungsniveau und starker Infrastruktur. Das kleine Gottesvolk Israel, eingeklemmt zwischen den Großmächten der damaligen Zeit, verband mit Ägypten aber ausschließlich Besatzung, Krieg und Sklaverei. Und so mag uns heute die Geschichte Josefs, der nach Ägypten kam, dort eine glanzvolle Karriere hinlegte und zu großer politischer Macht kam, wie eine Erfolgsgeschichte vorkommen: vom Tellerwäscher zum Millionär. Aus damaliger Sicht war die Abhängigkeit von den Ägyptern, die mit Josef beginnt, eine reine Katastrophe: von der Ehre, ein Nachfahre Abrahams zu sein, zur Assimilation durch die Feinde. Und diese Katastrophe mündet in der 400-jährigen Versklavung der Hebräer als Arbeitervolk.

400 Jahre! Oder mit anderen Worten: Eine Ewigkeit. Niemand aus dem Volk der Hebräer konnte sich damals vorstellen, was Freiheit überhaupt bedeutet. Es gab keine Erinnerungen mehr an eine Zeit vor der Sklaverei. Zum Vergleich: Vor 400 Jahren tobte in Deutschland der 30-jährige Krieg. Jetzt stell dir mal vor, es hätte vor dem 30-jährigen Krieg das letzte Mal so etwas wie Freiheit oder Souveränität in unserem Land gegeben. Dann hast du eine Idee davon, wie abwegig für die Hebräer damals eine Befreiung aus Ägypten war. Sie war schlicht undenkbar.

Und genau das ist eine wirklich treffende Beschreibung für die Versklavung unter der Angst, wie es die Lebensrealität sehr vieler – wenn nicht der meisten – Menschen ist: Wir haben uns an die Herrschaft der Angst in unserem Leben gewöhnt. Wir kennen gar kein Leben ohne sie. In unseren kühnsten Träumen können wir uns nicht vorstellen, wie ein Leben aussehen könnte, in dem sie keine Rolle mehr spielt. Sie ist ein so wesentlicher Bestandteil unseres Alltags, dass wir ihre ständige Gegenwart gar nicht wahrnehmen. Und wenn wir ehrlich sind, ist ein Leben in Angst eben auch sehr bequem. So seltsam das klingt.

Die meisten Darstellungen der Hebräer in Ägypten zeigen buckelnde Sklaven, die große Steine schleppen, während hinter ihnen böse dreinblickende ägyptische Aufseher ihre Peitschen schwingen. Ganz so war es vermutlich nicht. Das Leben als Arbeitervolk in Ägypten war sicher kein Luxus, aber gleichzeitig eben auch bequem. Die Hebräer verdienten keine Reichtümer, waren aber gut versorgt. Sie profitierten vom Fortschritt und der Infrastruktur im ägyptischen Reich. Sie lebten in festen Häusern und waren keinen akuten Bedrohungen ausgesetzt. Und sie mussten keinen Hunger leiden. Doch mit dem Schritt in die Freiheit verlieren sie auch die Sklavenprivilegien und die Sicherheit, die ihnen Ägypten trotz aller Unterdrückung bot.

Kein Wunder also, dass die Hebräer sich später zurückwünschen an die berühmten Fleischtöpfe Ägyptens, als sie in der Wüste festsitzen und zu verhungern drohen:

Da murrte die ganze Gemeinde der Söhne Israel gegen Mose und Aaron in der Wüste.

Und die Söhne Israel sagten zu ihnen: »Wären wir doch durch die Hand des HERRN im Land Ägypten ge-

storben, als wir bei den *Fleischtöpfen saßen, als wir*
Brot aßen bis zur Sättigung! Denn ihr habt uns in diese
Wüste herausgeführt, um diese ganze Versammlung
an Hunger sterben zu lassen.« *Exodus 16,2—3 (ELB)*

So ist es auch mit der Angst: Würde ein Leben in Angst bedeuten, in einem andauernden Panikmodus mit einem Puls von
180 und Daueradrenalinausstoß zu sein, wäre uns allen sofort
klar, dass das kein lebenswertes Leben ist. Die Angst agiert in
den meisten Fällen aber ganz anders. Sie verschafft dir die Illusion von Sicherheit, sie versorgt dich und du profitierst von
ihr. Sie hält dich klein und schwach und wird nie zulassen,
dass du ihr gefährlich wirst. Trotzdem kann es dir ziemlich gut
gehen mit der Angst als Herrscherin. Aber nur solange, wie du
ihre Befehle befolgst und das Leben lebst, das sie für dich vorgesehen hat: ein Leben als ihr Diener. Wehe, du begehrst auf.
Dann zeigt sie ihr brutales Gesicht. Du vergisst mit der Zeit,
dass eigentlich sie deine Dienerin sein sollte.

Der Komfort, den dir die Angst bietet, lässt ein Leben in
Freiheit unattraktiv wirken. Vielleicht ist das das wichtigste
Ass, das sie im Ärmel hat. Sehr viele Menschen wollen nicht
wirklich frei sein von Angst, wenn das bedeutet, ihre Sicherheiten verlassen zu müssen. Es scheint paradox: Weil das
Verlassen der Sicherheiten angstbesetzt ist, erliegt man dem
Trugschluss, dass man weniger Angst haben muss, wenn man
unter der Knute der Angst bleibt. Das ist ein kluger Schachzug
der Angst, der sogar noch Auswirkungen auf diejenigen hat,
die ihr schon entkommen sind. Ein knurrender Magen lässt
dich eben schnell vergessen, was mit dir passiert wäre, wenn
es die Streitwagen der Ägypter durch das Schilfmeer geschafft
und dich eingeholt hätten. Du verlierst mit der Zeit das Gespür dafür, dass Ägypten dein Erzfeind ist, wenn du die Si-

cherheit genießt, in einem festen Haus mit dichtem Dach zu wohnen und auch morgen noch eine Arbeit zu haben – auch wenn es sich dabei um Sklavendienst handelt.

Aber Gott handelt mit Ägypten keine Kompromisse aus. Mose geht nicht zum Pharao, um zu verhandeln. Er geht dorthin, um eine Ansage zu machen. Daraufhin beginnt ein Spiel von Versprechungen und deren Bruch durch den Pharao. Er lässt ein bisschen locker, aber löst den Würgegriff nie ganz. Gott kommt ihm keinen Millimeter entgegen, sondern reagiert mit Plagen, bis der Pharao schließlich aufgibt. Und als er es sich dann doch nochmal anders überlegt und einen letzten Versuch unternimmt, die Hebräer gewaltsam zurückzuholen, ertrinkt seine Armee im Meer. Nochmal: Gott verhandelt nicht mit Ägypten.

Auch mit der Angst macht Gott keine Kompromisse. Er beruft uns nicht dazu, irgendwie mit der Angst zu leben und mit ihrer Herrschaft zurechtzukommen. Wir haben von Gott die mosaische Berufung, der Angst entgegenzutreten und ihr die Ansage von ihm auszurichten, dass ihre Herrschaft über unser Leben nun beendet ist. Diese kompromisslose Ansage ist eine Kriegserklärung an die Angst. Und sie wird entsprechend reagieren. Sie wird um ihren Anspruch auf unser Leben kämpfen. Sie wird zum Schein etwas lockerlassen. Sie wird Versprechen machen, die sie aber immer wieder brechen wird. Sie wird ein freundliches Lächeln zeigen und ihre hässliche Fratze. Sie wird alles in die Waagschale werfen. Aber nicht wir, sondern Gott kämpft diesen Kampf. Alles, was wir dazu beitragen können, ist das Halten des ersten Gebots: taub zu sein für die Lügen und Drohungen der Angst. Nur auf die Stimme Gottes zu hören.

Die Angst muss im Meer hinter uns ertrinken. Sie wird ertrinken. Es ist ihr gottgewolltes Schicksal und es führt kein Weg daran vorbei. Gott lässt in diesem Punkt nicht mit sich verhandeln. Und das bedeutet auch, dass wir sie nicht mitnehmen können durch das Schilfmeer. Als sich das Meer vor dem Volk teilt, ist das der Moment der Entscheidung. An diesem Punkt haben wir genau zwei Optionen: in der Sklaverei bleiben oder uns durch das Schilfmeer in die Ungewissheit der Wüste wagen.

Ich sag's gleich: Die meisten Menschen werden sich – bewusst oder unbewusst – für die erste Option entscheiden. Das Murren der Israeliten und ihre Sehnsucht nach Ägyptens Fleischtöpfen scheint ihnen dabei Recht zu geben. Aber weißt du, was Gottes Reaktion auf das Murren ist? Er erfindet das Brot, das vom Himmel fällt: Manna! Gott versorgt sein befreites Volk. Er gibt ihnen alles, was sie brauchen. Was er ihnen ganz bewusst nicht gibt, ist die Sicherheit, auch morgen etwas zu Essen zu haben.

Damit macht er deutlich: Wer als freies Kind Gottes lebt, stützt sich nicht mehr auf Versprechungen und trügerische Sicherheiten, sondern allein auf Gott. Und wer allein auf Gottes Versorgung vertraut und nicht auf seine eigene Vorsorge oder fremde Versprechen, der erlebt seine Güte jeden Morgen neu. Die Israeliten, die das gelernt haben, empfangen wenige Kapitel später die Gebote. Und allen voran das erste Gebot. Und ganz sicher haben sie es nicht als despotische Anordnung eines narzisstischen Gottes verstanden, sondern als das heilige Versprechen Gottes, dessen Erfüllung sie selbst erlebt haben. Denn genau das ist es, woran Gott sie erinnert, bevor er irgendetwas von ihnen verlangt.

Und so sollen die Israeliten die Frage ihrer Kinder, warum die Gebote Gottes eingehalten werden sollen, beantworten, indem sie vom Exodus erzählen (siehe Deuteronomium 6,20–25). Sie sollen ihren Kindern von der Befreiung aus Sklaverei und Angst erzählen. Von einem Gott, der für seine Kinder kämpft und sie niemals ihrem Schicksal überlässt. Davon, dass Unfreiheit und Fremdherrschaft ein Ende haben werden, weil Gott eingreift.

Diese Hoffnung soll Menschen dazu bringen, Gottes Willen zu befolgen und seine Anweisungen zu ehren. Hoffnung soll uns das Halten der Gebote lehren, nicht Angst, nicht Druck, nicht die Androhung von Strafe. Denn Gott will nicht, dass wir kuschen und brav sind, sondern dass wir ohne Angst leben.

2

WIE DIE ANGST
MEIN LEBEN REGIERTE

DIE GEBURT DER ANGST

Solange ich denken kann, war ich ein eher ängstlicher Mensch, besonders als Kind. Ich habe mich vieles einfach nicht getraut, von banalen Dingen wie auf Bäume zu klettern bis hin zu allen Situationen, in denen ich in irgendeiner Form im Rampenlicht stand. Ich war leicht zu verunsichern und fing in herausfordernden Situationen an zu stottern. Bei Konfrontationen mit anderen Menschen war ich nicht einmal defensiv, sondern schlicht passiv. Ich ließ alles mit mir machen und leistete nur sehr selten Gegenwehr. Das führte auch dazu, dass ich in der Schule jahrelang gemobbt wurde. Ich war ein leichtes Opfer.

Ich dachte immer, dass diese dauernde Ängstlichkeit zu meinem Persönlichkeitsprofil gehört. Dass sie einfach Teil von mir ist und ich damit leben muss. Wenn die Angst einmal in unserem Leben den Dirigentenposten besetzt hat, redet sie uns ein, dass sie einfach unausweichlich ist. Normalität eben.

Aber das ist eine Lüge. Heute weiß ich, was ich damals nicht wusste: Die Angst ist nicht Teil meiner Persönlichkeit, sondern ihr Besatzer.

Es ist kein Wunder, dass ich diesem Irrtum aufsaß, kam doch die Angst sehr früh in mein Leben. Um davon zu erzählen, muss ich bei meinen frühesten Erinnerungen ansetzen. Schon als Kind wurde die Angst zu einem handfesten Problem in meinem Leben. Es war nicht die für kleine Kinder typische Angst vor dem Monster im Schrank oder vor Wölfen, die an der Fensterscheibe kratzen. Es war keine Angst, die in irgendwelchen Gruselgeschichten erzeugt wird.

Ich war vielleicht fünf oder sechs Jahre alt, da lag ich nachts im Bett und stellte mir vor, ich wäre nie geboren. Ich würde gar nicht existieren. Erst war das einfach nur ein interessanter Gedanke, aber dann steigerte ich mich maßlos in diese Vorstellung hinein und konnte mich nicht mehr von ihr lösen. Plötzlich stieg eine tiefe Schwärze in mir auf und ich bekam das Gefühl, schwerelos im endlosen Nichts zu schweben.

Eigentlich ist Gefühl das falsche Wort. Es war mehr als ein Gefühl. In diesen Momenten war dieses tiefschwarze Nichts Realität. Es war, als sei nicht dieses Nichts eine Illusion, in die ich mich hineinsteigerte, sondern genau andersherum: Mein echtes Leben erschien mir wie eine weit entfernte Fantasie, in die ich mich hineinträumte. In Wahrheit schwebte ich im endlosen Nichts.

Es ist nicht etwa so, dass ich Angst hatte zu sterben. Ich hatte Angst, nie gelebt zu haben. Ich war in diesen Momenten nicht einfach tot, ich war gar nicht erst existent. Es gab keine Erinnerungen in mir, keine Erinnerungen an mich. Niemand konnte mich vermissen, weil niemand mich je kennengelernt hatte. Meine Schreie erstickten im Vakuum um mich herum. Mein Herz raste, aber es fühlte sich an, als schlüge es gar nicht.

Heute weiß ich, dass diese Momente meine ersten Panikattacken waren. Damals hatte ich kein Wort dafür und erst recht kein Mittel dagegen. Ich lief dann zu meinen Eltern und weckte sie. Meine Mutter machte mir eine warme Milch, nahm mich eine Zeitlang in den Arm und ich konnte mich allmählich wieder beruhigen. Anschließend fiel ich erschöpft in einen tiefen Schlaf. Diese Attacken liefen immer gleich ab. Und auch wenn sie nicht sehr oft vorkamen, waren sie doch jahrelang treue Begleiter meiner Kindheit.

Ich bin mir heute ziemlich sicher, dass es die Umstände meiner Geburt waren, die diese nächtlichen Überfälle meiner Angst ausgelöst haben. Meine Geburt verlief nämlich keineswegs normal. Im Bauch meiner Mutter hatte sich die Nabelschnur zwei Mal um meinen Hals gewickelt und jede einzelne Wehe schnürte diese Schlinge weiter zu. Als ich schließlich zur Welt kam, war mein ganzer Körper dunkelblau. Mein Vater sagt immer, der Farbton meiner Haut war wie der von Jeansstoff. Das Kreißsaal-Personal reagierte schnell und verabreichte mir hochkonzentrierten Sauerstoff. Man tat alles, um mir zu helfen.

Trotzdem ist es sehr unwahrscheinlich, von so einer Komplikation keine bleibenden Schäden davonzutragen. Meine Mutter ist gelernte Kinderkrankenschwester und wusste das. Sie hatte in ihrem Berufsleben oft genug mit Kindern mit Behinderungen zu tun, die auf genau solche Komplikationen zurückzuführen waren. Sie realisierte sofort, dass diese blaue Farbe etwas Schlimmes bedeutete. Und sie konnte nichts tun, nur warten und beten.

Und das tat sie. Sie legte in dieser angstvollen Situation mein Leben in die Hände Gottes. Sie betete: »Gott, dies ist ein Kind für dich. Ob es behindert ist oder nicht, eins steht fest: Dieses Kind gehört dir!« Meine Mutter hat mich und mein Leben wenige Minuten nach meiner Geburt an Gott abgetreten. Sie tat das in dem Glauben, aber auch in der Verzweiflung, die auch Abraham gespürt haben muss, als er seinen Sohn

Isaak auf den Opfertisch legte. Aber wie schon damals bei Abraham griff Gott auch bei mir ein und verhinderte das Opfer. Stattdessen nahm er das Opfer lebendig an.

Und so steht für mein Leben vom ersten Tag an fest: Ich gehöre Gott. Und nichts wird mich aus seiner Hand reißen! Dass mein Leben ein Geschenk an Gott ist, ist eigentlich ein Geschenk an mich. Es ist das größte Privileg meines Lebens. Denn das Kreißsaal-Gebet meiner Mutter löste eine Verkettung von Segen in meinem Leben aus, die bis heute unvorstellbar für mich ist.

Dass ich mich nach dieser Geburt zu einem körperlich völlig gesunden Kleinkind entwickelte, ist ein waschechtes Wunder. Das war wirklich knapp! Und aus irgendeinem Grund hatte ich das Glück, das viele andere Kinder leider nicht hatten: Ich durfte leben und gesund sein. Aber so schön diese Rettungsgeschichte auch klingt: Es war nicht das Wunder, das ganz am Anfang stand. Ganz am Anfang stand ein Todeskampf. Um ein Haar wäre ich tatsächlich nie ins Leben gekommen, hätte gar nicht erst existiert. So, wie es die Angst mir vorschwindelte.

Das erste Erlebnis meines Lebens war ein mächtiger Würgegriff an meinem Hals, der mein Leben bedrohte. Und auch, wenn ich mich natürlich nicht aktiv an meine Geburt erinnern kann, sondern diese Geschichte nur aus den Erzählungen meiner Eltern kenne, bin ich mir sicher, dass es dieses Trauma ist, das das tiefschwarze Gefühl bei mir ausgelöst hat. Dieses Trauma war die Eintrittstür der Angst in mein Leben. Und das direkt am ersten Tag.

Es ist die Eigenart vieler Schlangen, sich um den Hals ihrer Opfer zu schlingen und sie zu erwürgen. Das ist ein Grundgefühl meines Lebens, von den ersten Sekunden an. Es war

die Nabelschnur, die sich um meinen Hals wickelte. Aber es
war die Schlange Angst, die sich um meine Seele wickelte. Und
auch wenn das Würgen der Nabelschnur Gott sei Dank fol-
genlos blieb, das Würgen der Angst blieb es nicht. Ich dachte
immer, dass diese Gedanken, die mich in die tiefe Angst
führten, aus mir selbst kamen. Auch wenn das für ein Vor-
schulkind ziemlich außergewöhnliche Gedanken sind. Heute
glaube ich, dass es die Stimme der Schlange war, die mir damit
einen Gedanken ins Ohr pflanzen wollte: »Was, wenn Gott es
nicht gut mit dir meint? Was, wenn er dich nie haben wollte
und dich deshalb direkt während deiner Geburt umbringen
wollte? Was, wenn die Geschichten, die sie dir erzählen, gar
nicht stimmen? Du kannst gar nicht von Gott geliebt sein,
weil es dich gar nicht geben soll. Du bist nichts. Du bist mehr
als nur vergessen. Du bist niemals gekannt. Und darum bist
du sogar für Gott unsichtbar.« Bis heute löst der Gedanke an
diese Dunkelheit Beklemmungen in mir aus. Weniger, weil ich
mich in der Gefahr sehe, wieder in das Schwarze abzudriften.
Eher, weil ich glaube, dass das der erste große Versuch der
Angst war, mich für immer zu versklaven. Es sollte nicht der
letzte sein.

Gott antwortete nach vielen Jahren sehr eindrücklich auf
diese regelmäßigen nächtlichen Panikattacken. Als ich elf
Jahre alt war, brachten mir meine Eltern eine Lutherbibel vom
Büchertisch unserer Gemeinde mit. Ich konnte relativ wenig
damit anfangen. Weder mit dem schwierigen Lutherdeutsch
noch mit den Inhalten. Ich kannte sehr viele biblische Geschichten, ich war mit ihnen aufgewachsen. Aber ich kannte
sie in der Version, wie sie mir im Kindergottesdienst und
von meinen Eltern erzählt worden waren und wie man sie in
Kinderbibeln abbildet. Ich kannte sie als bunte, fröhliche Geschichten. Wann immer ich die Bibel jetzt aufschlug, las ich

stattdessen unverständliche, seltsame Dinge. Und so lag die
Bibel fast ungelesen neben meinem Bett.

Eines Nachts erlitt ich erneut eine Panikattacke. Und wie aus
dem Nichts war da plötzlich der Impuls, die Bibel aufzuschla-
gen. Ich erinnere mich, als wäre es gestern erst passiert: Ich
nahm die Bibel, schlug sie in der Mitte auf und das erste, was
ich las, war dieser fettgedruckte Vers:

> In der Angst rief ich den HERRN an; und der HERR erhörte
> mich und tröstete mich.   Psalm 118,5 (LUT)

Dieser Bibelvers schlug wie ein Schmiedehammer in meine
Angst. Schlagartig war sie verschwunden. Sie war zuvor
immer plötzlich gekommen, aber nie plötzlich von mir gewichen. Jetzt war sie weg. Und ich spürte tiefen, inneren Frieden.

Von diesem Moment an bekam die Bibel die Bedeutung,
die sie noch heute für mich hat. Ich fing an, darin zu lesen.
Ich las gefühlte hunderte Male Psalm 118, der bis heute mit
gewaltigem Abstand mein Lieblingspsalm ist. Immer, wenn
die Angst kam, griff ich zu meiner Bibel und las und las und
las. Ich las nicht aus Interesse, sondern weil Gott mir gezeigt
hatte, dass in seinem Wort die Rettung vor der Angst ist. Er
hatte mir eindrücklich bewiesen, dass er ein Wort sagt und die
Angst alle Macht verliert.

In der Zwischenzeit habe ich Theologie studiert und gelernt, die Bibel und ihre Aussagen historisch einzuordnen,
sie inhaltlich und literarisch zu untersuchen und sie bis ins
kleinste Detail zu erforschen. Ich erfuhr, dass Gott sein Wort
auch hinterfragen lässt. Das hat meinen Horizont geweitet
und meinem Glauben gutgetan. Zugleich ist mir aber jedes
einzelne Mal, wenn ich dieses Buch aufschlage, bewusst, wel-

che Macht es hat. Eine Macht, die über bloße Buchstaben, Worte und Sätze weit hinausgeht. Der Exodus aus der Angst wird von der Bibel nicht einfach nur beschrieben, er wird von ihr überhaupt erst ermöglicht.

Als ich meine Mutter neulich auf die nächtliche Angst meiner Kindheit ansprach, sagte sie mir, dass das irgendwann von alleine aufgehört hat. Ich hatte ihr nie erzählt, dass die Angst nicht von alleine verschwunden war, sondern dass es Gottes mächtiges Wort war, das sie vertrieben hatte.

Tatsächlich ließ mich die Angst für einige Jahre in Ruhe. Aber sie hatte noch lange nicht aufgegeben. Sie bereitete sich nur auf den nächsten Akt vor.

DER KONTROLLVERLUST

Sieben Jahre später, an einem trüben, regnerischen Morgen im Dezember des Jahres 2000, saß ich in einem Klassenraum im Matheunterricht. Es war die erste Schulstunde des Tages. Ich war 18 Jahre alt und kurz vor dem Abitur. Zuhause beim Frühstück war mir schon etwas unwohl gewesen. Diese Art von Übelkeit, wegen der man sich nicht gleich krankmeldet. Unschön, aber auch nicht dramatisch. Jetzt, als ich im Unterricht saß, verstärkte sie sich mit einem Mal. Das Blut sackte mir in die Beine. Mir wurde schwindelig. Ich wollte mich gerade melden, um dem Lehrer zu sagen, dass es mir nicht gut geht und ich nach Hause gehen will.

Das ist das Letzte, woran ich mich erinnern kann. Einige Augenblicke später lag ich auf dem Boden und sah zwischen abgestellten Schultaschen und Stuhl- und Tischbeinen hindurch Leute hektisch durcheinanderlaufen. Mitschüler und Lehrer schauten besorgt zu mir herunter. Ich war einfach ohnmächtig geworden und deshalb zuerst gegen meinen Sitznachbarn und anschließend mit dem Kopf gegen den Heizkörper hinter mir gefallen. Der Lehrer rief einen Krankenwagen, der mich ins Krankenhaus brachte. Dort untersuchte man mich grob, fand aber keinen Grund für den Kollaps. Man schloss das Schlimmste aus und entließ mich dann nach Hause.

Körperlich war ich schnell wieder fit. Natürlich ging ich zum Hausarzt und ließ mich wochenlang intensiv untersuchen: EKG, Belastungs-EKG, Langzeit-EKG, EEG, Langzeit-Blutdruck, Herzultraschall, großes Blutbild und was weiß ich. Ich wurde quasi einmal komplett auf den Kopf gestellt. Aus

medizinischer Sicht war das Ganze ein nicht erklärbarer Ohn-
machtsanfall bei einem Heranwachsenden. Nichts Ungewöhn-
liches. Und natürlich wusste ich, dass sowas mal vorkommen
kann. Ich war gesund. Es war alles in Ordnung, das war mir
sogar von verschiedenen Fachärzten frisch schwarz auf weiß
bestätigt worden. Aber: Die Tatsache, dass da etwas passiert
war, was offenbar keine erklärbare Ursache hatte, weckte die
Angst in mir wieder auf. Noch hielt sie die Füße still. Sie ließ
sich Zeit. Aber sie witterte bereits ihre Chance. Und dann er-
griff sie sie.

Genau ein Jahr später hatte ich mein Abitur gemacht, einen
partylastigen Nie-wieder-Schule-Sommer hinter mich
gebracht und meinen Zivildienst begonnen. Es war eine gute
Zeit, in der ich das Leben und die neugewonnene Freiheit
genoss. Als Zivi arbeitete ich in der Versandbuchhandlung
eines christlichen Verlages.

An einem ganz normalen Tag, wieder im Dezember, wieder bei grauem und verregnetem Wetter, bemerkte ich irgendwann ein leichtes Flimmern am Rande meines Blickfeldes. Ein
heller Punkt, der sich langsam bewegte. Mir kam das zuerst
nur seltsam vor. Dann musste ich an meinen Vater denken,
der an Migräne leidet und dessen Migräneanfälle oft mit
solch einem Flimmern anfangen. Dann wurde dieser Flim-
mer-Punkt immer stärker und größer. Und ich fühlte mich
schlechter und schlechter. Die Übelkeit, die ich von jenem Tag
in der Schule kannte, kehrte zurück.

Ich ging zu meinem Chef, beschrieb ihm die Symptome
und bat ihn, mich zu entschuldigen, da ich nach Hause fahren wollte. Ich weiß noch, wie er sagte, dass er es nicht für
eine gute Idee halte, wenn ich jetzt alleine unterwegs bin. Da
geschah es erneut. Ich fand mich halb auf dem Boden, halb

in den Armen meines Chefs wieder. Ich war für knappe zwei Minuten bewusstlos gewesen.

Wieder Krankenwagen, Krankenhaus, schnelle Entlassung. Wieder eine Odyssee durch die Arztpraxen. Wieder wurde ich komplett durchgecheckt. Wieder ohne jeden Befund. Alle Werte sahen gut aus. Ich war gesund. Alles war in Ordnung. Scheinbar. Denn jetzt hatte die Angst ihren Auftritt. Und dieser Auftritt sollte alles, was ich aus meiner Kindheit kannte, weit in den Schatten stellen.

Für mich wäre es leichter gewesen, krank zu sein. Eine Diagnose zu bekommen, auf die ich mich einstellen und entsprechende Medikamente dagegen nehmen konnte. Stattdessen waren meine Ohnmachtsanfälle ein wiederholter kompletter Kontrollverlust, für den es keine Erklärung gab. Und da es zum zweiten Mal passiert war, konnte es jederzeit wieder passieren. Meine Gedanken und Gefühle rasten. Ich fragte mich, ob es vielleicht doch eine Erklärung gab, die die Ärzte nur nicht sahen. Und wann es wohl wieder passieren würde. Immer öfter bildete ich mir dieses Flimmern im Auge oder jene Übelkeit ein, die ich kurz vor dem Umkippen empfunden hatte.

Warum waren beide Ereignisse eigentlich im Dezember passiert? Lag es an dem Monat? Am Advent? Oder war es doch eher das graue Wetter oder der Regen? Lag es daran, in einem geschlossenen Raum zu sein? Womöglich an schlechter Luft? Oder eher daran, zu welcher Zeit ich morgens aufgestanden war? Was hatte ich an diesen Tagen denn noch gleich gefrühstückt? Vielleicht hatten auch meine Klamotten etwas damit zu tun? Eine Allergie gegen ganz bestimmte Textilien? Möglicherweise konnte auch das Duschgel damit zu tun haben oder was ich am Abend vorher unternommen hatte? Vielleicht hatte ich irgendeine Bewegung gemacht, die irgendwas abgeklemmt hat, was dann zur Bewusstlosigkeit führte? Hatte ich falsch geatmet? Oder war es vielleicht eine ganz schlimme Krankheit, an die niemand dachte?

Es mag sein, dass dir das sehr albern vorkommt, aber alle diese Fragen stellte ich mir ernsthaft und jede noch so abstruse Überlegung war es wert, sie gründlich zu durchdenken. Ich entwickelte eine fast schon magische Vorstellung davon, was womöglich der Auslöser von allem war. Ich durchforstete innerlich haargenau meine Erinnerungen an diese beiden Tage und versuchte fortan krampfhaft, alles zu vermeiden, worin sich beide ähnelten. Es reichten Kleinigkeiten, die mich in irgendeiner Form triggerten, um sofort das Gefühl bei mir auszulösen, dass es JETZT wieder passiert!

Panikattacken. Wer sie nicht aus seinem Leben kennt, kann sich glücklich schätzen. Diese Momente sind die Hölle. Sie dauern ein paar Minuten oder sogar nur Sekunden, fühlen sich aber an wie eine Ewigkeit. Es fällt mir schwer, Worte zu finden, die angemessen beschreiben, was dabei in mir passiert. Stell dir vor: Deine Organe ziehen sich schlagartig zusammen. Dir wird schwindelig. Dein Puls schnellt in solche Höhen, dass du denkst, dein Brustkorb platzt. Das Blut pocht dir laut wie eine Dampflok in den Schläfen. An deinem ganzen Körper bricht Schweiß aus und dir wird eiskalt. Das Adrenalin tritt das Gaspedal deines Körpers und treibt ihn auf maximale Drehzahl, gleichzeitig fühlst du dich komplett ausgeschaltet. Du bewegst dich ruckartig und unkontrolliert (das hat von außen nie jemand wahrgenommen, aber für mich fühlte es sich so an, als ob ich zucken und zappeln würde). Du hast dieses Gefühl, wie wenn du im Traum aus großer Höhe fällst und davon aufwachst. Aber dieses Gefühl bleibt nicht für eine Schrecksekunde, sondern für ungefähr eine ganze Minute. Du glaubst, dass du gerade stirbst und es jederzeit schwarz um dich wird. Du klammerst dich an irgendwas oder irgendwem fest. Und langsam, ganz langsam, kehrst du in die Realität zurück. Jede einzelne Panikattacke ist wie ein kleiner Tod. Danach bist du körperlich erschöpft und seelisch aufgefressen. Du musst dich regelrecht davon erholen. Du musst dich selbst überprüfen, ob dein Puls noch geht, ob du atmest, ob du noch da bist.

Solche Panikattacken bekam ich mit der Zeit immer häufiger. Anfangs nur hin und wieder, wenn mich etwas an meine Ohnmachtsanfälle erinnerte. Dann stellte ich mir vor, dass es jetzt wieder passiert. Und schon war sie da, die Panik. Mit der Zeit hatte ich dann aber nicht nur Angst vor Situationen, in denen ich ohnmächtig werden könnte, sondern auch vor Situationen, in denen ich eventuell eine Panikattacke kriegen könnte. Und vor Situationen, in denen ich Angst kriegen könnte, eine Panikattacke zu kriegen. Ich bildete mir alle möglichen Symptome ein. Und wenn ich mir erfolgreich eins eingebildet hatte, machte es mir sofort Angst und löste Panik aus.

Innerhalb von zwei Jahren steigerten sich Anzahl und Intensität der Panikattacken so sehr, dass ich in den schlimmsten Zeiten rund 15 solcher Panikattacken täglich durchlitt. Und es ist unmöglich, sich daran zu gewöhnen, weil dir jede einzelne davon vorgaukelt, dass jetzt das Ende gekommen ist. 15 Panikattacken an einem Tag gleichen vom Kraftaufwand her einem Marathon. Nur ohne die Glückshormone.

Das kam alles nicht plötzlich über mich, sondern allmählich und schleichend. Es gab Wochen und Monate, in denen ich ein völlig normales Leben führte und die Angst in den Hintergrund trat. Dann gab es aber auch Tiefs, in denen ich kaum zu irgendeiner Normalität fähig war. In schlimmen Zeiten drehte sich mein ganzer Alltag darum, »gefährliche« Situationen zu vermeiden und gegen die Panik anzukämpfen, die immer wieder in mir aufstieg. Ich konnte dann kaum noch aus meiner Wohnung gehen, meldete mich ständig krank und ging wegen jeder Kleinigkeit zu meiner Hausärztin.

Mittlerweile hatte ich angefangen, Bauingenieurwesen zu studieren und arbeitete neben dem Studium als Werkstudent bei einem mittelständischen Automobilzulieferer. Ich ging nach wie vor jeden Sonntag in den Gottesdienst und jeden Freitag in die Jugendgruppe. Ich hatte mir eine kleine Ein-Zimmer-Wohnung gemietet und traf mich in besseren Phasen mit Freunden. Die Panikattacken – so furchtbar sie waren – konnte man von außen nicht sehen. Und so merkten nur sehr wenige Menschen, dass mit mir etwas nicht stimmte. Ich merkte es umso mehr.

DER SIEG DER ANGST

I n dieser finsteren Zeit meines Lebens war die Angst auf dem besten Wege, alle drei Ziele zu erreichen, die sie sich für mich gesetzt hatte. Alles, was sie tat, diente dem Hauptziel, mich so weit wie möglich von Gottes Liebe fernzuhalten. Und mich davon abzubringen, die Berufung zu leben, die Gott sich liebevoll für mich ausgedacht hatte.

Das bedeutet aber nicht, dass ich mich je von Gott abgewandt hätte. Ich habe auch in dieser Zeit nie aufgehört zu glauben, dass es Gott gibt und dass er alle Macht hat. Ich fing nur allmählich an zu vermuten, dass er sich nicht für mich und mein Leid interessiert. Ich ging jeden Sonntag in den Gottesdienst, aber da gab es keine Antworten auf meine Verzweiflung. Ich betete, aber meine Gebete waren nur noch zornige Schreie und Klagen. In diesem Zorn war Musik das perfekte Ventil für mich. Mit 16 hatte ich mir eine E-Gitarre zugelegt und später in der Schule in einer Punkband Schlagzeug gespielt. Um auszudrücken, was ich fühlte, schrieb ich Lieder und schrie sie Gott entgegen. Für die Inhalte meiner Songs schämte ich mich. Ich hatte kein Blatt vor den Mund genommen und war nicht zimperlich mit Gottes Passivität und seiner fehlenden Hilfsbereitschaft umgegangen. Das war das einzige Ehrliche, was ich für ihn übrighatte. Doch tief in mir verurteilte ich mich dafür, so mit dem Schöpfer von Himmel und Erde zu reden. Ich kam mir vor wie ein Gotteslästerer, wie ein Feind Gottes.

Erst Jahre später begriff ich, dass diese Scham nicht von meinem guten und braven Glaubensgewissen herrührte, sondern mir von der Angst eingeredet wurde. *Die Schlange hatte den ersten Sieg errungen, der darin bestand, dass ich mich nicht mehr vorbehaltlos vor den Thron Gottes traute.* Ich dachte, dass Gott das nicht hören will. Mich nicht sehen will. Dass ich ihn nerve und seine Majestät beleidige. Aber das war nur das Bild von Gott, das mich die Angst glauben machen wollte. Das Bild, das sie damals schon den Menschen im Paradies vor Augen gemalt hatte.

Dazu kam, dass Psalm 118 seine Wirkung verloren hatte. Hatte er mir Jahre zuvor noch so entscheidend gegen die Angst geholfen, verweigerte er mir jetzt den Dienst. Es machte ganz einfach keinen Unterschied, ob ich ihn las oder laut betete oder nicht. Die Panik kam trotzdem. Das frustrierte mich total. Und es verstärkte das Gefühl, dass Gott sich nicht um mich kümmert. Er hatte mir sogar meinen Schutzpsalm weggenommen, so wie man einen abtrünnigen Nachkommen enterbt. Die Wahrheit ist aber, dass Gott zum elfjährigen Marcus durch diesen Psalm gesprochen hatte. Der 20-jährige Marcus versuchte, den Psalm als eine Art Zauberspruch gegen die Angst zu benutzen, als ob er über Gottes Wort einfach verfügen konnte.

Die Angst redete mir ein, dass Gott mir seine Gnade entzogen hätte. Dass Gottes Kraft zwar existiert, aber halt eben nicht für mich. Dass er ein mächtiger und freundlicher Gott ist, ich ihm aber egal bin. Und ich glaubte ihr, weil Gott meinem Flehen offensichtlich ja nicht antworten wollte. *Und damit erreichte sie ihr zweites großes Ziel: Ich nahm Gott nicht ab, dass seine Gnade für mich gilt.*

Je enger die Angst mich einschnürte, umso mehr isolierte ich mich von anderen Menschen. Ich erzählte so gut wie niemandem etwas von meiner Angst – und wenn, dann nie die ganze Wahrheit. Und schon gar nicht hätte ich jemals eine

Therapie aufgesucht. Wenn es mir halbwegs gut ging, setzte ich eine Gute-Laune-Maske auf und tat fröhlich. Wenn es mir schlecht ging, zog ich mich zurück und war krank. Ich bin mir sicher, dass es mir sehr geholfen und meinen Heilungsweg stark abgekürzt hätte, wenn ich Hilfe in Anspruch genommen hätte, ob nun professionelle oder die von Freunden. Zu glauben, ich muss mit mir allein bleiben und allein gegen meine Dämonen kämpfen, hat mich noch weiter von Gott getrennt und der Angst den Rücken gestärkt.

Das dritte Ziel der Angst ist es, dass wir andere Götter neben Gott haben. Dieses Ziel setzte die Angst bei mir besonders perfide um, denn meine Götzen waren überhaupt nicht offensichtlich. Ich konvertierte nicht zum Buddhismus, ich nahm auch keine Drogen, hatte keinen Sex oder flüchtete mich sonst in irgendwelche Heilsversprechen. So sahen die anderen Götter bei mir nicht aus. Die anderen Götter, auf die ich mich verließ, waren billige kleine Strategien, um der Panik zu entkommen. Ich bildete mir ein, dass ganz bestimmte Handlungen und Dinge mir halfen, wenn die Panik über mich kam. Und fast schon rituell führte ich sie aus.

Neben vielen anderen Dingen waren das Fishermen's Friends, diese kleinen Menthol-Pastillen. Als ob sie magische Kräfte hätten, die mich in diesen Situationen retten könnten, musste ich immer welche griffbereit haben. Ich warf mir immer ein paar davon in den Mund, wenn die Panik auftauchte. Andersherum reichte es, keine davon in Reichweite zu haben, um eine Panikattacke auszulösen. Lustigerweise wies mich irgendwann mal jemand darauf hin, dass Fishermen's bei übermäßigem Verzehr abführend wirken. Ich sah auf der Packung nach und da stand es tatsächlich schwarz auf weiß. Es entstand eine Art Panikparadoxon: Ich musste sie gegen die Panik nehmen, aber ich konnte nicht, weil ich mir dann sofort Durchfall einbildete. Das klingt alles lustig und ich muss heute auch darüber schmunzeln, aber damals war es bitterer Ernst für mich.

Die Bestandsaufnahme meines Lebens, als ich 21 Jahre alt war: Die Angst hatte viele Jahre Zeit gehabt, sich bei mir einzunisten und in den letzten Jahren hatte sie die Schlinge um meinen Hals so fest angezogen, dass ich die Kontrolle ganz verloren hatte. Ich war wieder der blau angelaufene Säugling, der verzweifelt um sein Leben kämpft. Nur, dass niemand eingriff und mir den dringend benötigten Sauerstoff gab. *Die Angst erreichte Ziel um Ziel, in dem sie mir eine Scham Gott gegenüber ins Herz pflanzte, mich glauben ließ, Gott hätte keine Gnade mit mir und mir statt der Flucht in seine Arme durchschaubar billige Alternativen anbot.*

Ich war an meinem Tiefpunkt angekommen und konnte die Fassade nach außen langsam nicht mehr aufrechterhalten. Mehr und mehr sah man mir an, dass ich Probleme hatte. Mein Studium drohte zu scheitern, weil ich so viel mit Angstzuständen und Panikattacken zu tun hatte, dass ich nicht zum Lernen kam. Und ich sah auch keinen Sinn mehr darin, Mechanik und Mathematik und Vermessungstechnik zu lernen. Wozu sollte ich das alles wissen, wenn ich doch sowieso nicht in der Lage war, ein normales Leben zu führen?

Was ich damals nicht wusste, aber bald entdecken sollte: Gott kämpfte. Er eiferte um mein Leben. Er liebte mich wie eh und je. Er hatte eine Berufung für mich. Und er hatte keineswegs vor, mich fallen zu lassen. Er hatte eine Strategie gegen die Angst, einen guten Plan für meine Befreiung. Er legte das Messer bereits an die Schlinge, die um meinen Hals gewickelt war und mir die Luft zum Atmen raubte. Er war da, in jeder Sekunde, er litt mit mir und hielt mich fest in seinen Händen. Wenn die Panikstürme durch meinen Körper tobten und meine Seele beinahe zerriss, stand er für mich im Wind und nahm mich unter seine Fittiche.

Das alles konnte ich damals nicht sehen. Niemand kann das sehen, während er oder sie in dieser Situation steckt. Aber das macht es nicht weniger wahr: Gott kämpft für seine Kinder und er gibt keins von ihnen jemals verloren. Auch mich nicht!

3

GOTTES PLAN GEGEN DIE ANGST WIRD WIRKLICHKEIT

ANSAGE AN DIE ANGST

Die Bibel erzählt uns im Alten Testament davon, wie die Angst in das Leben der Menschen kam. Und sie erzählt uns, wie Gott für sein Volk kämpft, ihm einen Ausweg anbietet und es höchstpersönlich befreit. Diese Erzählungen sollen unter den Gläubigen weitererzählt werden, um allen künftigen Generationen zu zeigen, dass Gott keine Kompromisse mit der Angst macht und uns nicht alleine lässt. Im Neuen Testament, das erzählerisch und theologisch in dieser Tradition steht, kommt es dann zum Showdown: Jesus Christus kommt in diese Welt und beendet die Herrschaft der Angst – nicht nur im Volk Israel, sondern im Leben aller Menschen, die sich gegen das Königreich der Angst und für das Königreich Gottes entscheiden. Im gesamten Neuen Testament finden wir zahlreiche Spuren dieses Showdowns. Von der Geburt Jesu bis zu seiner Kreuzigung und Auferstehung – überall lesen wir davon, wie Jesus gegen die Angst im Leben der Menschen vorgeht.

Zuerst erleben diejenigen, die ihm direkt begegnen, diese Befreiung. Davon erzählen uns die Evangelien. Später wird diese Befreiung ausgeweitet auf alle Menschen, die an Jesus glauben. Davon erzählen uns die Briefe im Neuen Testament.

Sie sagen klipp und klar, dass Jesus auch uns befreien will, kann und wird. Niemand, der an ihn glaubt, muss Sklave der Angst bleiben. Jesus, unser König, bietet jeder und jedem von uns an, diesen Exodus aus der Angst zu erleben. Es ist ein langer Weg durch Meere und Wüsten und die größte Befreiung, die ein Mensch erleben kann.

Direkt zu Beginn, in der Weihnachtsgeschichte, ruft ein Engel den Hirten auf dem Feld folgende Worte zu, die wie die Proklamation eines neuen Königs klingen – und es auch sind:

> *»Fürchtet euch nicht!*
> *Hört doch: Ich bringe euch eine gute Nachricht,*
> *die dem ganzen Volk große Freude bereiten wird.*
> *Denn heute ist in der Stadt Davids für euch der Retter geboren worden:*
> *Er ist Christus, der Herr.«*
>
> *Lukas 2,10–11 (BB)*

In der Regel wird dieses »Fürchtet euch nicht!« auf die akute Angst der Hirten bezogen, die sie wegen der plötzlichen Erscheinung des Engels hatten. Wie auch immer man es sich vorstellt, wenn einen die Herrlichkeit Gottes umstrahlt – es scheint die Hirten in erster Linie in Panik zu versetzen. Das geht ziemlich vielen Leuten in der Bibel so, kurz vor den Hirten zum Beispiel schon Zacharias und Maria, die beide ebenfalls Besuch von so einem Engel bekommen. Ich glaube aber nicht, dass dieses »Fürchtet euch nicht!« zu verstehen ist wie ein »Nicht erschrecken, ich bin's bloß...«, wenn man sich jemandem überraschend von hinten nähert.

»Fürchtet euch nicht!«, das hat eine viel größere Bedeutung. Es ist die erste und wichtigste Botschaft, die der menschgewordene Gott für uns hat. Es ist der Proklamationsspruch

des Messias, seine Kampfansage an die Angst in uns. Die ersten Worte einer Proklamation überlegt man sich sehr gut. Sie
sind durchdacht und haben eine Bedeutung. Auf keinen Fall
sind sie zufällig dahergesagt. »Fürchtet euch nicht!« gilt nicht
einfach nur den Hirten auf einem Feld bei Bethlehem vor 2 000
Jahren. Es gilt für dich und für mich. Jesus Christus, der Sohn
Gottes, ist in die Welt gekommen, um gegen die Angst anzu-
treten, die uns beherrscht. Mit ihm wird Gottes Plan gegen die
Angst Wirklichkeit.

Und dieser Plan verwirklicht sich schon sehr bald im
Leben der Menschen, die diesem Jesus begegnen und sich von
ihm begeistern lassen.

SIMON PETRUS: ANGST UND BERUFUNG

Simon Petrus ist weltweit bekannt als der Anführer der Jünger Jesu, der Chef unter »den Zwölfen«. Ein gelernter Fischer, der Jesus nachfolgt und nur wenige Jahre später einer der wichtigsten Apostel der jungen Christenheit ist. Ein Mann der Tat mit ausgeprägter Leitungsbegabung, der mutig Initiative ergreift und Verantwortung übernimmt. Einer, der sein ganzes Leben diesem Jesus verschrieben hat und keine Kompromisse zu kennen scheint. Eine Gallionsfigur des Christentums und ein Vorbild in Sachen tätiger Glaube.

Aber der Aufstieg des Petrus vom Fischer zum Apostel ist nicht ganz so glanzvoll, wie das jetzt vielleicht klingt, sondern immer wieder überschattet von seinen dunklen Seiten: Er ist ein Großmaul, das sich alles zutraut, aber ganz schnell kuscht, wenn es dann drauf ankommt. Er spielt den Überzeugungstäter und wird doch immer wieder schwach. Petrus kann Dinge unheimlich gut auf den Punkt bringen. So formuliert er die großen Worte, die heute als das erste christliche Bekenntnis gelten, indem er Jesus als Messias und Sohn Gottes bezeichnet, woraufhin Jesus ihn den Fels (= Petrus) nennt, auf dem er seine Gemeinde bauen will (nachzulesen in Matthäus 16,13–20). Und auch, als sich viele Menschen von Jesus abwenden und dieser seine wenigen verbliebenen Freunde fragt, ob sie auch weggehen wollen, findet Petrus die richtigen Worte: »Herr, zu wem sollten wir denn gehen? Du sprichst Worte, die ewiges Leben schenken. Wir glauben und haben erkannt: Du bist der Heilige Gottes!« (Johannes 6,69–70 – BB). Kaum zu glauben, dass es derselbe Typ ist, der kurz später dreimal vehement bestreitet,

Jesus überhaupt zu kennen, als es bedrohlich für ihn wird. Es ist derselbe Mann, der voller Überzeugung und Kampfeswillen alles in die Waagschale schmeißt und dabei sogar Gewaltbereitschaft zeigt (siehe Johannes 18,10) und dann plötzlich wieder überraschend feige wirkt und nicht zu seinen Handlungen steht (siehe Johannes 18,26–27). Ein wenig drängt sich mir der Verdacht auf, dass Petrus mit seinen großen Ansagen eine tiefe Schwäche zu kompensieren versucht.

Ich mag Simon Petrus. Mich fasziniert diese Widersprüchlichkeit, die ihn ausmacht. Denn ich finde sie auch bei mir. Es gibt keinen Menschen, von dem uns die Bibel erzählt, mit dem ich mich so gut identifizieren kann wie mit Petrus. Ich habe ähnliche Begabungen wie er, aber auch ähnliche Schwächen und Abgründe. Lange dachte ich, dass ich ihn deshalb so gut verstehe, weil wir uns viele Charaktereigenschaften und Fähigkeiten teilen. Aber wir haben eine weitere wichtige Gemeinsamkeit, die der eigentliche Grund für seine und meine Zerrissenheit ist: die Herrschaft der Angst in unserem Leben.

Die anderen Jünger werden ziemlich unspektakulär von Jesus berufen. Er geht einfach zu ihnen hin, während sie mit ihrer Arbeit beschäftigt sind, sagt ihnen, dass sie ihm folgen sollen, und sie lassen alles stehen und liegen und folgen ihm. Kein ausführliches Kennenlernen, keine Diskussionen, keine Bedenkzeit, keine Verzögerung. Man vermutet, dass diese Berufungsgeschichten so erzählt werden, um zu zeigen, dass Jesus göttliche Vollmacht hat und keine Überzeugungsarbeit leisten muss. Es reicht der Ruf. Und es darf sich glücklich schätzen, wer von Jesus gerufen wird. Da wird nicht diskutiert oder gezögert.

Bei Petrus reicht der Ruf aber nicht. Bei ihm muss Jesus sich offensichtlich richtig Mühe geben. Am Beginn des fünften Kapitels des Lukasevangeliums wird uns erzählt, wie das vor sich ging: Jesus braucht Simons Boot als eine Art Kanzel oder Bühne für seine Rede ans Volk und bittet ihn um Hilfe. So kann sich der Fischer ganz in Ruhe an Jesus und seine Botschaft herantasten. Er ist erst mal passiv, nur ein Dienstleister, der die Infrastruktur zur Verfügung stellt. Im Anschluss an seine Rede fordert Jesus ihn auf, auf den See hinauszufahren und zu fischen. Und obwohl der Fischereiprofi Simon es für unmöglich hält, jetzt etwas zu fangen, machen seine Leute den Fang ihres Lebens. Andere Boote müssen unterstützend eingreifen, weil die vollen Netze das Boot fast zum Kentern bringen.

Die Reaktion von Simon ist bemerkenswert: Er bekommt Angst. Und darum bittet er Jesus, von ihm wegzugehen. Er begründet das so: »Herr, geh fort von mir! Ich bin ein Mensch, der voller Schuld ist!« (Lukas 5,8b – BB). Simon glaubt, dass er zu schuldig ist, um von Jesus berufen zu sein. Ich bezweifle nicht, dass das in diesem Moment wirklich seine Empfindung ist, so wie es auch die Empfindung sehr vieler Christen ist, die ich kenne: »Ich bin es nicht wert, dass Jesus mich beruft, weil ich zu schuldig bin.«

Ich glaube, die Schlange Angst flüstert ihm das ein. Petrus hat Jesus zugehört und hautnah ein echtes Wunder erlebt. Es ist also nicht der Glaube an Jesus, der ihm fehlt. Vielmehr hat bei ihm die Angst schon ihr erstes Ziel erreicht. Simon schämt sich vor Gott. Er glaubt, dass seine Schuld zwischen ihm und Gott steht und er deshalb unwürdig ist. Wenn das tatsächlich so wäre, würde Jesus das jetzt ansprechen. Denn Jesus hat die faszinierende Eigenschaft, dass er immer sofort zum Punkt kommt. Er redet nicht über Alibithemen, sondern spricht immer das Kernproblem an. Jesus begegnet den unterschiedlichsten Menschen mit den unterschiedlichsten Problemen. Aber eins ist immer gleich: Er spricht ihren wunden Punkt an.

Und was soll ich sagen? Jesus hat offenbar kein Interesse, mit Simon über Schuld zu sprechen. Ganz einfach, weil das nicht Simons Problem ist. Stattdessen sagt Jesus: »Hab keine Angst! Von jetzt an wirst du ein Menschenfischer sein!« (Lukas 5,10b – BB). Petrus verwechselt die Herrschaft der Angst in seinem Leben mit Schuld. Das geht allen Sklaven der Angst so. Aber Jesus blickt tiefer und erkennt das eigentliche Problem: die Angst, die das Leben von Petrus bestimmt. Auch hier gilt: Es ist zu kurz gedacht, wenn wir die Aussage Jesu: »Hab keine Angst!« nur auf die vorübergehende Irritation beziehen, die das Wunder mit den Fischen bei den Leuten auslöst. Simons Angst geht sehr viel tiefer. Sie will ihn dazu bringen, Jesus abzulehnen und wegzuschicken, weil der ihrer Macht über Simon gefährlich wird. Aber als Jesus ein Machtwort gegen die Angst spricht, lässt Simon auf der Stelle die Netze fallen, verlässt sein altes Leben und geht mit Jesus.

Natürlich hat die Angst damit noch lange nicht ihren Anspruch auf Simon aufgegeben. Sie hält weiter an ihm fest. Sie kämpft darum, dass er ihr Jünger bleibt und ihr nachfolgt und nicht Jesus. Dieser Kampf der Angst gegen Jesus gipfelt in einem großen Entscheidungskampf. Die Kulisse dieses Kampfes ist wieder der See. Das Matthäusevangelium erzählt uns im 14. Kapitel die berühmte Geschichte, wie Petrus auf dem Wasser geht und die vermutlich wichtigste Lektion seines Lebens lernt. Diese biblische Erzählung hat viel mit meiner eigenen Berufung zu tun. Denn sie beschreibt den heiligen Moment eines großen Sieges über die Angst.

Während Jesus an Land bleibt, überqueren die Jünger auf einem Boot den See. Plötzlich treten starke Winde auf, die eine Weiterfahrt erschweren. Auch wenn wir heute diese Situation gern als mächtigen Sturm ausmalen, um sie bedrohlicher wirken zu lassen, scheinen die Jünger gar keine Angst zu haben.

Mehr als ein erfahrener Bootsführer ist an Bord und die Lage scheint beherrschbar. Es ist nicht der Sturm, sondern etwas anderes, was die Jünger in Panik versetzt: Sie entdecken ein Wesen, das über das Wasser geht. Und sie halten es für ein Gespenst. Schnell entpuppt sich dieses »Gespenst« als Jesus höchstpersönlich und fordert die Jünger auf, sich nicht zu fürchten.

Dieser Anblick löst in Petrus eine plötzliche Sehnsucht aus. Er will auch auf dem Wasser gehen können. Er will zu Jesus, er will dieses Wunder erleben. Das ist seine Idee. Seine Entscheidung. Aber er traut sich nicht. Darum bittet er Jesus: »Herr, wenn du es bist, befiehl mir, über das Wasser zu dir zu kommen« (Matthäus 14,28 – BB). Das klingt sehr gottesfürchtig, ist aber vor allem eine Absicherung für Petrus. So mutig ist er dann doch nicht, einfach über die Reling zu klettern. Die Verantwortung für diese halsbrecherische Aktion soll doch lieber Jesus übernehmen. Es ist eine typische Petrus-Aktion: Er macht eine große, mutige Ansage und sichert sich dann doch lieber erst mal ab. Aber tatsächlich: Jesus ruft ihn zu sich und so klettert er aus dem Boot. Was für ein unglaublicher Moment. Was für ein unfassbares Highlight im Leben von Petrus.

Auf dem Wasser gehen! Das hat kein Mensch vor ihm getan und auch danach nie wieder. Ich bin immer wieder überrascht, dass den meisten Menschen zu Jesus sofort einfällt, dass er Wasser zu Wein verwandeln und auf dem Wasser laufen kann. Das wahre Wunder ist aber, dass Simon Petrus, ein Mensch wie du ich, auf dem Wasser gelaufen ist – wenn auch nur dieses eine Mal. Was für ein Hochgefühl für diesen Draufgänger!

Aber so leicht gibt sich die Angst nicht geschlagen und grätscht mit aller Kraft in die Schönheit dieses Moments:

Petrus spürt den Wind, sieht die Wellen und begreift schlagartig, dass er da gerade etwas physikalisch Unmögliches tut.
Und er bekommt Panik. Es passiert, was bei Panikattacken
immer passiert: Petrus blickt weg von Jesus und schaut nur
auf die Gefahr. Er bekommt einen Tunnelblick auf die Bedrohung und Jesus verschwindet aus seinem Sichtfeld. Und die
Angst scheint recht zu behalten: Er versinkt wie ein Stein. Der
Tod steht ihm vor Augen. Alles, was er noch über die Lippen
bringt, ist ein verzweifeltes »Herr, rette mich!«

Wie oft habe ich das innerlich gerufen in meinen Angstzuständen! Dieses Fallen in das kalte Wasser und dieses atemlose
Versinken in den Tiefen des Sees – das sind absolut passende
Metaphern für Panikattacken. Denn jede einzelne dieser Attacken gaukelt dir vor, dass du stirbst. Und in diesem Moment
kannst du den Blick nicht klar auf Jesus gerichtet lassen.

Aber Jesus ist für seinen Freund da und lässt ihn nicht allein. Er packt Petrus, zieht ihn aus dem Wasser und hält ihn
fest. Und das sofort. Unverzüglich. Ohne Zögern. Jesus ist sofort zur Stelle, um Petrus zu retten. Und dann spricht er ihn
an: »Du hast zu wenig Vertrauen. Warum hast du gezweifelt?«
(Matthäus 14,31 – BB). In meinen Ohren klingen diese Worte
nicht wie ein Vorwurf. Petrus hatte zuvor riesiges Vertrauen
bewiesen, war dann aber gescheitert. Der Grund, warum er
gezweifelt hatte und untergegangen war, war die Angst, die
ihn erfolgreich vom Weg abgebracht hatte. Gleichzeitig hat
er zum ersten Mal erlebt, dass Jesus größer ist als die Angst.
Jesus hatte ihn nicht einfach aus dem Wasser gezogen, sondern aus der Tiefe seiner Angst. Das macht diesen Moment
zum Wendepunkt in Petrus' Leben. Das ist der Grund, warum
die anderen Jünger, die Zeugen dieses Ereignisses waren, sich
niederwerfen und Jesus als Sohn Gottes loben. Denn nur er
hat diese Macht, die Angst zu vertreiben.

Petrus blieb auch nach diesem nassen Abenteuer derselbe Mensch mit denselben Schwächen. Er war auch danach nicht frei von Angst. Aber er hatte gelernt und selbst erlebt, dass die Angst nicht die Macht hat, ihm zu schaden. Nicht, solange er in der Nähe Jesu blieb. Und das ist das Entscheidende. Diese Lektion muss jeder lernen, der aus dem Ägypten seiner Angst aufbricht und sich auf den Weg macht in das gelobte Land. Vielleicht ist diese Lektion sogar der wichtigste Schritt auf diesem langen Weg.

DIE FRAU MIT DEN ZWEI PLAGEN

Im Gegensatz zu Petrus ist die Frau, die ich dir jetzt vorstellen will, nicht sehr berühmt. Ihre lebensverändernde Begegnung mit Jesus wird nur am Rande erwähnt, als erzählerischer Einschub in einer anderen Geschichte. Wir wissen nicht einmal ihren Namen. Darum wird sie in der Regel einfach nach ihrem Leiden benannt: »Die blutflüssige Frau«. Wir wissen nicht, was genau das für eine Krankheit war. Sie hatte offenbar einen Blutfluss, der seit zwölf Jahren nicht aufhörte. Das Wort »Blutfluss« im biblischen Kontext lässt vermuten, dass es sich um eine unaufhörliche Menstruation handelte, eine heftige Ausprägung einer Metrorrhagie. So nennt die Gynäkologie Menstruationsblutungen, die sehr lange andauern oder eben gar nicht aufhören. In der Regel leiden betroffene Frauen so sehr darunter, dass sie es nach wenigen Wochen nicht mehr aushalten. Heute kann den Patientinnen in so einem Fall schnell und effektiv geholfen werden, damals offensichtlich nicht. Hinzu kam, dass nach dem Buch Levitikus Frauen während der Menstruation als unrein galten. Diese Frau war also seit zwölf Jahren dauerhaft unrein und damit vom gesellschaftlichen und religiösen Leben komplett ausgeschlossen. Wenn sie jemals verheiratet war, dann hatte sie ihr Mann aufgrund ihrer Krankheit mit Sicherheit verlassen. Sie hatte schon alles versucht und viele Ärzte konsultiert, aber der Blutfluss war immer nur noch schlimmer geworden.

Allerdings war ihre körperliche Krankheit und die damit verbundene soziale Isolation nur eine von zwei Plagen in ihrem Leben. Wenn wir die Erzählung ihrer Begegnung mit Jesus aufmerksam lesen, wird die zweite Plage deutlich erkennbar. Diese Erzählung steht im Markusevangelium 5,25–34. Dort wird uns von dem Plan der Frau berichtet, sich (verbotenerweise) unter die Menschenmenge um Jesus herum zu mischen und ihn irgendwie zu versuchen zu berühren. Sie hätte als Unreine niemals die Chance gehabt, Jesus einfach anzusprechen. Und erst recht nicht, ihn anzufassen. Man(n) hätte sie gar nicht zu ihm gelassen. Aber die Massenansammlung ist eine gute Deckung für sie und so ist ihr Plan, einfach nur den Mantel von Jesus zu berühren. Ihre Hoffnung ist, allein durch diese Berührung gesund zu werden.

Und tatsächlich schafft sie es! In der Sekunde dieser Berührung wird sie schlagartig von ihrer Krankheit geheilt, was sie auch sofort spürt. Aber nicht nur sie, auch Jesus merkt unmittelbar, dass gerade heilende Kraft von ihm ausgegangen ist. Er dreht sich um und fragt, wer ihn berührt hat. Seine Jünger sind verwundert über diese Frage, weil Jesus in der Menschenmenge vermutlich von locker hundert Leuten berührt worden war. Aber Jesus lässt sich nicht beirren und sucht nach diesem einen Menschen, nach dieser Frau, die ihn berührt hat. Die wiederum ist ja gerade gesund geworden. Man könnte meinen, dass sie jetzt laut jubelt und sich bedankt und alle Anwesenden sich über dieses Wunder freuen. Aber das passiert nicht.

Stattdessen tritt jetzt die andere Krankheit der Frau auf den Plan. Ich würde aus meiner Erfahrung heraus ziemlich sicher sagen: Sie bekommt eine Panikattacke. Der Bibeltext formuliert: »Aber die Frau fürchtete sich und zitterte« (Markus 5,33a – BB). Furcht und Zittern. Das griechische Wort *tremo* (zittern) kommt im Neuen Testament nur noch an einer anderen Stelle vor, und dort in einem ganz anderen Kontext. Überall sonst scheint es auszureichen, von Furcht zu sprechen. Nur hier wird verstärkend das Zittern ergänzt. Es muss sich also um eine heftige Form der Angst handeln. Ein Tremor, also das unwillkürliche und unkontrollierbare Zittern von Muskeln, ist übrigens ganz offiziell eines von vielen möglichen Symptomen einer Panikattacke. Und aufgrund meiner eigenen Geschichte kann ich nur zu gut nachvollziehen, dass die Odyssee der Frau durch die antiken Arztpraxen, ohne je wirklich Hilfe zu bekommen, eine Panikstörung zumindest sehr begünstigt hat. Der Bibeltext benutzt zur Beschreibung der Probleme dieser Frau ein griechisches Wort, das genaugenommen Peitschenhieb bedeutet. Es müsste korrekterweise mit Geißelung oder Strafe übersetzt werden. Bestimmt ist damit zunächst die schreckliche Metrorrhagie der Frau gemeint. Um eine ausgewachsene Panikstörung zu beschreiben, ist »Peitschenhiebkrankheit« allerdings auch ein überaus treffender Begriff.

Auch wenn der eine Peitschenhieb in Form der mysteriösen Blutfluss-Krankheit die Frau jetzt nicht mehr quält – die Angst schwingt weiter die Peitsche und hat ihren Herrschaftsanspruch über sie noch längst nicht aufgegeben. Im Gegenteil, sie holt zum nächsten Hieb aus. Obwohl die Frau gerade ein Heilungswunder an sich selbst erlebt hat, hält die Panik sie davor zurück, sich ihrem Heiler zu zeigen. Sie schlägt zu, als die Frau plötzlich im Mittelpunkt steht und konkret angesprochen wird. Jetzt ist sie gewissermaßen gezwungen, Jesus in die Augen zu schauen und sich zu erklären. Ein klassischer Moment für eine Panikattacke. Für Furcht und Zittern!

In der griechischen Übersetzung des Alten Testaments, der sogenannten Septuaginta, kommt das Wort *tremo* an einer sehr bemerkenswerten Stelle vor. Als Gott Kain mit der Tötung seines Bruders Abel konfrontiert und der seine Tat zunächst leugnet, beschreibt Gott die Konsequenzen für Kain mitunter so: »Wenn du den Ackerboden bebaust, soll er dir nicht länger

seine Kraft geben; unstet und flüchtig sollst du sein auf der
Erde!« (Genesis 4,12 – ELB). Unstet und flüchtig. Ganz streng
aus dem Hebräischen übersetzt: wankend und flatternd. Und
in der Septuaginta: seufzend und zitternd. Kein fester Boden
mehr unter den Füßen, keine Sicherheit mehr, immer auf der
Flucht, immer Gejagter sein. Es ist der Beginn der Herrschaft
der Angst im Leben von Kain. Es ist dieselbe Herrschaft, unter
der die Frau leidet, die nun voller Furcht und Zittern vor Jesus
steht.

Da platzt alles aus ihr heraus. Endlich! Die ganze Belas-
tung und Qual der letzten zwölf Jahre. Die Schmerzen. Die
Ausgrenzung. Das Elend. Die abwertenden Blicke. Der Ekel.
Die ständigen Peitschenhiebe ihrer Plagen. Die Angst vor
den anderen. Die Angst vor sich selbst. Und die Angst vor
der Angst. »Sie kam und fiel vor ihm nieder und sagte ihm
die ganze Wahrheit« (Markus 5,33b – ELB). Die ganze Wahrheit! Ich stelle mir vor, dass es eine Weile gedauert hat, bis sie
damit fertig war, bei all der Last auf ihren Schultern. Die ganze
Wahrheit, das beinhaltet auch, dass der rätselhafte Blutfluss
nicht ihre einzige Plage war. Davon war sie jetzt ja geheilt, aber
deshalb war sie noch lange nicht gesund.

Jesus hört sich haargenau alles an, was die Frau zu sagen
hat und antwortet dann: »Tochter, dein Glaube hat dich geheilt. Geh hin in Frieden und sei gesund von deiner Plage!«
(Markus 5,34 – ELB). In dieser Antwort steckt so viel! So viel
Annahme, Liebe, Kraft, Leben. In dieser Antwort steckt alles,
was die Frau braucht. Es sind Worte, nach denen sich jeder
Mensch sehnt, der unter seiner Angst leidet. Jesus nennt sie
»Tochter« – damit erklärt er sie für rein und holt sie zurück
in die Gemeinschaft, auch in die geistlich-religiöse Gemeinschaft, in die Familie Gottes. Er spricht ihr Rettung zu und lobt
ihr Vertrauen. Dabei war es doch nur ein Rockzipfelvertrauen,

verbunden mit einer anschließenden Panikattacke. Aber dieses winzige Vertrauen hat schon gereicht! Jesus gibt der Frau Frieden mit auf den Weg. Frieden! Zwölf Jahre lang hat sie nicht gewusst, was das überhaupt ist. Und schließlich: »Sei gesund von deiner Plage.« Wie gesagt: Der Blutfluss der Frau war ja bereits geheilt. Jetzt geht es um die zweite Plage, die Angst der Frau. Ihre Furcht und ihr Zittern. Jesus befreit sie mit seinen mächtigen Worten von der Herrschaft der Angst. Und sie geht als doppelt geheilte Frau – geheilt von ihrer körperlichen Krankheit und von ihrer Angst. Was für ein hoffnungsvoller und wunderschöner Neuanfang im Leben dieser Frau!

Petrus und die Frau mit den zwei Plagen haben tatsächlich dasselbe Problem. Dieses Problem äußert sich bei diesen zwei grundverschiedenen Menschen aber ganz unterschiedlich. Und darum geht Jesus auch sehr unterschiedliche Wege mit beiden. Bei dem einen ist es ein langer Weg, bei der anderen reichen eine kurze Berührung und ein Gespräch. Der eine wird zu einer der wichtigsten Figuren der Bibel, die andere kennen wir nicht einmal beim Namen. Er ist ein Mann mit sehr männlichen Problemen (von wegen Großmaul...), sie eine Frau mit sehr weiblichen Problemen. Er kann sich jeden Abend mit Jesus am Lagerfeuer unterhalten, sie kann gerade mal im Vorbeigehen nach seinem Mantel greifen. Er hat den harten Teil seines Weges noch vor sich, sie hat das Schlimmste jetzt endlich hinter sich.

All diese Unterschiede zwischen den beiden verblassen aber vor der gemeinsamen Wahrheit, die uns diese Geschichten lehren. Und diese Wahrheit ist: Ein Ausweg aus der Angst ist möglich! Jesus beendet die Herrschaft der Angst im Leben von Menschen. Und zwar unabhängig davon, wer sie sind, welchen Status, welches Geschlecht oder welches Ansehen sie haben, wo sie herkommen, wie ihre Geschichte verlaufen ist und wie auch immer Jesus ihren Weg kreuzt. Wenn Petrus und diese Frau von Jesus Christus aus ihrer Angst befreit wurden, warum dann nicht auch du?

SORGEN – DIE AMEISEN DER ANGST

Die Geschichten von Petrus und der Frau mit den zwei Plagen zeigen exemplarisch, wie Jesus die Angst aus dem Leben von Menschen vertreibt. Oder ihr zumindest deutlich Einhalt gebietet. Er hat aber nicht nur Menschen geheilt, er thematisiert die Angst auch in einer seiner wichtigsten Reden, der Bergpredigt. Ein ganzer Abschnitt dieser Rede ist dem »Sorgen« gewidmet (Matthäus 6,25–33).

Sorgen, das ist ein schwächeres Wort als Angst, aber beide spielen im selben Team und haben ähnlich fatale Folgen. Nur kommen uns Sorgen einfach normaler vor als Ängste. Eltern, deren 15-jährige Teenie-Tochter zwei Stunden zu spät von der Party nach Hause kommt, sorgen sich. Man sorgt vor, um im Alter nicht mittellos dazustehen. Man macht sich Sorgen um die Gesundheit, wenn man untersucht wird, weil man irgendwelche Symptome zeigt. Anderswo auf der Welt muss man sich Sorgen machen, ob morgen genug Essen auf dem Tisch steht, um die Kinder durchzukriegen. Oder man sorgt sich, wenn Schüsse fallen, ob man die Nacht überleben wird.

Sorgen aller Art gehören zum Alltag eines jeden Menschen und wir akzeptieren sie als Teil unseres Lebens. Wir haben uns daran gewöhnt und doch fressen sie uns förmlich auf. Aber da es scheinbar auch viele berechtigte Sorgen gibt, gehören sie für uns einfach dazu. Sorglos oder unbesorgt zu sein, erscheint uns dagegen eher als fahrlässig und unvernünftig. Erwachsene haben Sorgen. Sonst sind sie nicht richtig erwachsen.

Das Neue Testament sieht das allerdings ziemlich anders. Sorgen sind wie riesige Magnete, die uns aus einer vertrauensvollen Beziehung zu Gott herausziehen wollen. Es gibt in der Bibel keine berechtigten Sorgen. Sorgen sind Gedankenkonstrukte, die uns ständig davon ablenken, ein Leben in Gottes Licht zu führen und uns Zeit zu nehmen, nach seinem Willen zu fragen. Solange ich damit beschäftigt bin, meine Bedürfnisse zu stillen, so gut es geht, konzentriere ich mich nicht auf Gott und darauf, was er will.

In der westlichen Welt leben wir in der äußerst seltenen Luxus-Situation, dass der Großteil unserer Grundbedürfnisse durch Wohlstand und Frieden dauerhaft gesichert ist. Und darum meinen wir, dass wir so vielleicht die Zeit finden, uns nach Feierabend auf dem warmen Sofa auch mal mit der Bibel und Gottes Willen für unser Leben zu beschäftigen. Der Normalfall menschlichen Lebens war es allerdings schon immer, dass der gesamte Ablauf eines jeden einzelnen Tages vom Aufwachen bis zum Einschlafen der Stillung der Grundbedürfnisse wie Essen, Trinken, Wärme, Sicherheit, Schutz, Gesundheit, Ordnung, Familie, Liebe und Fortpflanzung gewidmet ist. Da bleibt keine Zeit für die Frage nach Gottes Willen.

Sorgen klingen viel harmloser und weniger gefährlich als Angst, aber sie erledigen denselben zerstörerischen Job: Sie beschädigen unser Vertrauen zu Gott. Und sie wollen uns glauben lassen, dass Gottes Gnade uns nicht gilt. Jedenfalls nicht so sicher und nicht so umfänglich, dass wir deshalb sorglos sein dürften. Sorgen beschäftigen uns mit zahlreichen scheinbar wichtigen und dringenden Dingen, um uns vom Wichtigsten und Dringendsten in unserem Leben abzuhalten. Sorgen sind nichts weiter als eine gut getarnte Strategie der Angst. Eine abgemilderte, aber deshalb vermutlich umso efektivere Strategie. Sorgen sind die Ameisen-Armee der Angst: Eine ist unproblematisch. Ein paar mehr davon sind nervig. Eine Ameisenstraße auf der Küchenarbeitsplatte ist schon sehr unangenehm, ich spreche aus Erfahrung. Aber wenn viele tausend Ameisen kommen und angreifen, gibt es kaum ein Lebewesen, das eine Chance gegen sie hat. So arbeiten Sorgen in deinem Leben. Mit ein paar wenigen kommst du klar, aber die wenigen sind immer nur die Vorboten für einen ganzen Haufen.

Darum sagt Jesus in der Bergpredigt auch nicht, dass wir uns mal ein bisschen weniger Sorgen machen sollen, damit Gott noch hier und da in unseren Tagesablauf passt. Jesus ist unfassbar radikal. Er sagt: Macht euch keine Sorgen. Keine! Er entfaltet in der Bergpredigt diesen radikalen Gedanken, indem er uns mit Blumen und Vögeln vergleicht, die sich auch keine Sorgen machen und sich stattdessen von Gott versorgen lassen. Die dabei sogar schön aussehen und alles haben, was sie brauchen. Jesus erzählt uns von dem Wert, den wir Menschenkinder vor Gott haben und dass er uns besser versorgt als Tiere und Pflanzen. Und dann sagt er, dass nur diejenigen Menschen, die Gott nie kennengelernt haben, ein sorgenvolles Leben führen. Denn alle, die mit Gott leben, wissen: Er kennt unsere Bedürfnisse. Und er ist ein guter Vater. Und er wird sich kümmern.

Als finale Zuspitzung dieses Gedankens sagt Jesus schließlich diesen wichtigen und berühmten Satz, der zu einem wesentlichen Leitvers meines Lebens geworden ist. Dieser Satz ist die Wahrheit und nichts als die Wahrheit. Dafür lege ich meine Hand ins Feuer. Auch wenn er kaum zu glauben ist:

Trachtet zuerst nach dem Reich Gottes und nach seiner Gerechtigkeit, so wird euch das alles zufallen.

Matthäus 6,33 (LUT)

Dieser Satz ist eine sensationelle Weiterentwicklung des ersten Gebots. Dieser Satz reißt das erste der Zehn Gebote endgültig aus dem Verdacht heraus, Gott wäre eitel und eifersüchtig. Jesus macht mit diesem Satz deutlich, warum Gott unsere alleinige Verehrung einfordert. Weil das der einzige Weg ist, wie eine vertrauensvolle Beziehung zu ihm funktionieren kann. Wer seine Sorgen hinter sich lässt, kann endlich erleben, wie Gott sich sorgt und kümmert. Wer sich mit seiner Kraft und seiner Zeit und seiner Energie mit Gottes Reich und seiner Gerechtigkeit auseinandersetzt, wird Gott kennenlernen. Und wer das tut, kann frei werden von der Herrschaft der Angst.

Das erste Gebot ist Gottes Antwort auf die Angst. Es war schon immer so, aber bei Jesus wird das sehr konkret und deutlich. Die Sorgen und Ängste in unserem Leben sind die Götter, die uns zu ihren Dienern machen wollen. Sie bedrohen uns, indem sie uns weismachen, dass wir verhungern, verdursten, erfrieren, vereinsamen, erkranken und sterben, wenn wir aufhören, ihnen unsere Opfer zu bringen. Und diese Opfer bestehen aus unserer Zeit, unserer Kraft und unserer ganzen Hingabe. Wenn wir anfangen, unsere Zeit, Kraft und Hingabe auf Gott und sein Reich und seine Gerechtigkeit zu richten, werden wir erleben, wie uns alles zufällt. Alles! Wir werden mit eigenen Augen sehen, dass die Drohungen der Angst leer sind und ihre Voraussagen nichts als Lügen. Das zu entdecken, hat mich in meinem Leben den Exodus aus der Angst beginnen lassen.

Auch das Lukasevangelium überliefert diesen Redeabschnitt Jesu, und zwar mit anderen Worten und einem etwas anderen Schwerpunkt, was man zum Beispiel am Kontext bemerkt, in den Lukas diese Rede Jesu einbettet. Während es bei Matthäus eher um eine Grundsatzrede zum Thema Nachfolge geht, deutet Lukas die Worte von Jesus über das Sorgen vor

einem endzeitlichen Hintergrund, das bedeutet: Es geht dort
um das Ende der Welt und die Bedrängnisse, die bis dahin
noch auf die Christen warten. Das zeigt sich auch daran, wie
Lukas diesen Redeabschnitt enden lässt. Jesus sagt dort nämlich zum Abschluss:

> »Hab keine Angst, du kleine Herde! Denn euer Vater hat
> beschlossen, euch sein Reich zu schenken.«
>
> Lukas 12,32 (BB)

Gott schenkt uns sein Reich. Das bedeutet nicht weniger, als
dass alle himmlischen Heere, alle Wundertaten, alle Engel und
Gewalten, Gottes himmlischer Tempel und seine unendliche
Liebe zu uns ausgerückt sind, um an unserer Seite zu stehen,
um die Angst in unserem Leben zu besiegen. Gott selbst reißt
uns aus dem Würgegriff der Angst heraus, die uns versklavt
hat. Wir müssen diesen Kampf nicht allein kämpfen. Gott
kämpft für uns. Das mit großem Abstand Klügste, was wir
tun können, ist: Richten wir unseren Blick auf Jesus, wie es
Petrus auf dem Wasser lernte. Mit dem Funken Hoffnung, mit
dem die Frau mit den zwei Plagen nach dem Mantel von Jesus
griff. Trachten wir nach seinem Reich und seiner Gerechtigkeit. Kehren wir den Sorgen und Ängsten in unserem Leben
den Rücken zu. Ignorieren wir die wütenden Schreie der
Angst und all die Argumente der Sorgen. Die Angst hat keine
Chance. Sie hat verloren. Ein Erbe des Reiches Gottes braucht
sich für ihr Theater nicht mehr zu interessieren.

KEINE ANGST MEHR VOR GOTT

D as größte Ziel und die Königsdisziplin der Angst ist es, dass wir uns vor Gott fürchten. Dass wir nackte Panik haben, weil wir denken, er ist böse zu uns und wird uns schaden und uns vernichten. Dass wir davon überzeugt sind, dass alle seine Liebesangebote nur vorübergehend und seine eigentliche Intention unsere Bestrafung ist. Dass wir nicht mehr darauf vertrauen, dass der Himmel unsere Heimat ist, sondern dass unsere Fehltritte und unsere Unzulänglichkeiten uns die Hölle bescheren. Wenn die Angst uns soweit hat, das wirklich zu glauben, dann hilft uns auch das erste Gebot nicht mehr. Weil es dann unseren ängstlichen Eindruck von Gott als Despoten nur noch verstärkt. Wir hören dann nicht mehr, dass Gott uns sein Reich schenkt, weil er uns als seine Kinder so unendlich liebhat, sondern nur noch, dass er alles von uns will. Und dass er uns seine Liebe entzieht, wenn er es nicht bekommt.

Ich habe leider unzählige Christen kennengelernt, bei denen die Angst schon so weit gekommen ist – und das, ohne dabei je eine diagnostizierbare Angststörung ausgelöst zu haben. Oft sind es sogar scheinbar besonders standhafte und stabile Christen, bei denen man bei genauerem Hinsehen diesen Abgrund der Angst entdeckt. Oder man entdeckt ihn nicht mehr, weil sie ihn gut zu tarnen wissen. Häufig handelt es sich dabei um Leiterinnen, Prediger und Mitarbeiter, die für andere zum Vorbild werden. Man muss nämlich gar nicht psychisch erkranken, um voll und ganz von der Angst versklavt zu sein. Das wäre ja auch dumm von der Angst. Wie könnte sie sich so effektiv verbreiten, wenn alle, die von ihr befallen sind, psychische Wracks wären?

Die Angst arbeitet wie ein Virus. Ein Virus hat auch kein Interesse daran, den Wirt zu töten oder handlungsunfähig zu machen. Wenn das passiert, ist das eher ein Kollateralschaden als Absicht. Ein Virus will, dass der Wirt möglichst lange möglichst ansteckend ist, ohne dabei Symptome zu haben. Dann ist es am erfolgreichsten.

In derselben Logik denkt die Angst. Sie will uns vorerst gar nicht ausschalten. Es reicht ihr völlig aus, wenn alles, was wir über Gott denken, dem falschen und angstbesetzten Gedanken entstammt, er sei letztlich unser Feind. Dieser Gedanke kann sich sehr unterschiedlich äußern. Zum Beispiel, indem Menschen einen gesetzlichen, engen und verkrampften Glauben leben und weitergeben und andere mit ihrem kranken Gottesbild anstecken. Oder, indem jemand ein Glaubensheld für andere wird, weil er oder sie so wahnsinnig vorbildlich für Gott kämpft. Nur dass dieser heroisch wirkende Kampf hinter den Kulissen ein panischer Kampf um Anerkennung ist, um von Gott nicht verstoßen zu werden. Die Angst vor der Strafe Gottes kann uns zu glanzvollen Karrieren in der Kirche und zu interessanten Glaubensbiografien antreiben und uns zum Beispiel zu angesehenen Pastorinnen und Lobpreisleitern machen. So bekommt die Angst am Ende das, worauf sie die ganze Zeit aus ist, um sich besser verbreiten zu können: einen festen Platz auf unseren Bühnen und Kanzeln, in unseren Kleingruppen und im Kindergottesdienst.

Auch Jesus weiß, wie wirkungsvoll die Angst vor dem strafenden Gott die Seelen der Menschen und anschließend ganze Gemeinden und Bewegungen assimiliert. Und darum legt er den Finger in genau diese Wunde. Einige Kapitel nach der Bergpredigt sagt er den folgenden verhängnisvollen Satz, mit dem er die Mutter aller Ängste anspricht: die finale Vernichtung unseres Körpers und unserer Seele in der Hölle!

»Habt keine Angst vor denen, die nur den Körper töten können, aber nicht die Seele. Habt aber umso mehr Angst vor dem, der Seele und Körper in der Hölle vernichten kann.«   *Matthäus 10,28 (BB)*

Diese Aussage von Jesus funktioniert wie ein Angst-Schnelltest. Dieser Test funktioniert aber nur, wenn du bedingungslos ehrlich zu dir selbst bist und dann die folgende Frage beantwortest: Was war dein erster Gedanke nach dem Lesen dieses Verses? Hast du dich gefreut, weil du vor keinem Menschen und nichts auf dieser Welt Angst haben musst? Und dass nichts, was dich bedroht, jemals die Macht hat, deine Seele zu töten? Oder hast du dich erschreckt, weil Jesus sagt, dass du Angst vor Gott haben sollst, der dich in die Hölle werfen kann? Ich bitte dich, sei ehrlich! Wenn deine Reaktion Freude war, hast du diesen Vers und seine Intention richtig verstanden. Wenn deine Reaktion Erschrecken war, dann ist das ein Hinweis darauf, dass dich die Angst vor Gott leitet oder zumindest manipuliert.

Denn wer Gott vertraut, weiß sehr wohl, dass er die Macht hat, uns endgültig zu vernichten. Aber er weiß auch, wie absurd und undenkbar das ist. Einfach, weil Gott so nicht ist. Wir sind seine Kinder! Er liebt uns ohne Ende. Er hat uns mit großer Kreativität und Detailverliebtheit erschaffen und ein gigantisches Universum um uns herum. Er hat sich selbst geopfert, damit wir leben können. Er hat nicht einfach nur Kraft und Zeit in uns investiert, sondern nicht weniger als sich selbst. Dieser Gott kann, aber er wird uns niemals vernichten. Wenn dein Herz erschrickt und das anzweifelt, spielt die Angst in deinem Leben definitiv eine zu große Rolle. Und dann ist es höchste Zeit für einen Kurswechsel!

Wie gesagt: Jesus legt den Finger in die Wunde unserer existenziellsten Angst. Er löst damit absichtlich diesen Schreck aus. Ursache für diesen Schreck ist aber weder Jesus noch Gottes Fähigkeit, Leben zu erschaffen und zu vernichten, wie es ihm beliebt. Ursache für den Schreck ist die Schlange, die schon im Paradies den Menschen diesen Unsinn vom bösen und strafenden Gott ins Ohr flüsterte und die jetzt sagt: »Siehste! Hab ich's doch gesagt! Gott will dich in die Hölle werfen!«

Aber die Schlange lügt. Das ist alles, was sie kann. Direkt vor und direkt nach diesem Angst-Schnelltest-Vers sagt Jesus gleich dreimal, dass wir keine Angst zu haben brauchen. Wieviel deutlicher soll er es sagen als mit diesen Worten:

> »Kann man nicht zwei Spatzen für eine Kupfermünze kaufen? Und doch fällt keiner von ihnen auf die Erde, ohne dass euer Vater es zulässt. Aber bei euch ist sogar jedes Haar auf dem Kopf gezählt! Habt also keine Angst! Ihr seid mehr wert als ein ganzer Schwarm Spatzen.« Matthäus 10,29–31 (BB)

Nein, Jesus ruft uns nicht dazu auf, Angst vor Gott zu haben. Er ruft uns dazu auf, unsere Angst aus einer anderen Perspektive zu sehen, sie in Relation zu setzen. Meine Angst hat mir immer vorgaukeln wollen, dass ich sterbe. Diese Täuschung war die tiefe Ursache aller meiner Panikattacken. Jesus sagt zu mir: »Selbst wenn die Angst oder sonst wer deinen Körper töten würde – deine Seele kann dir niemand nehmen außer Gott. Gott kann so viel mehr, als die Angst vortäuscht zu können. Wenn du schon unbedingt Angst haben willst, dann doch vor Gott. Alles andere kann dir jedenfalls nichts antun.«

Das ist die extreme Version des ersten Gebots. Es entfaltet seine ganze Kraft und Macht erst dann, wenn wir unser ganzes Leben, unseren Körper und unsere Seele, auf die eine Karte setzen, dass Gott uns liebt. Erst wenn alles, was mich betrifft, dem liebenden und allmächtigen Gott gehört, kann ich wirklich frei sein von Angst. Und wer vor nichts und niemandem mehr Angst haben muss, der kann von ganzem Herzen Gott fürchten. Und Gottesfurcht ist – ganz im Gegensatz zur Angst – etwas Wunderschönes. Denn die Gottesfurcht lehrt mich jeden Tag, dass ich keine Angst zu haben brauche, weil der Einzige, der die Macht hat, mir wirklich zu schaden, mich liebt. Jedes Mal, wenn ich Spatzen, Meisen und Rotkehlchen sehe, wie sie vor dem Wohnzimmerfenster im Baum sitzen, denke ich daran.

GOTTES WICHTIGSTE WAFFE
GEGEN DIE ANGST

Jesus kämpft gegen die Herrschaft der Angst in unserem Leben. Er bekämpft sie im Leben der Menschen, die ihm begegnen, und er bekämpft sie in seinen Reden – mit Worten, die uns aus der Angst führen, wenn wir sie uns zu Herzen nehmen und ihnen vertrauen. Die Briefe im Neuen Testament gehen noch einen Schritt weiter. Während die Evangelien wie Biografien von Jesus berichten und wiedergeben, was er tat und sagte, erzählen uns die Briefe davon, was passiert, wenn Jesus der Herr unseres Lebens und unserer Gemeinschaft ist. Wie umfassend sich unser Leben verändert, wenn wir Jesus nachfolgen. Und vor allem, wie wenig es dabei auf uns selbst ankommt, sondern allein auf die Gnade Gottes. Die Briefe bringen die Wahrheit der guten Nachricht radikal auf den Punkt. Und so ist immer wieder auch die Befreiung von der Angst ein großes Thema in den Briefen. Und schnell wird klar, dass sie eine eindeutige Haltung dazu haben: Die Angst hat im Leben von Jesus-Nachfolgern nichts verloren.

Besonders deutlich macht das der erste Johannesbrief, der an genau der Wunde ansetzt, in die Jesus den Finger gelegt hatte: unsere Angst vor dem Gericht Gottes. Erinnern wir uns: *Die Angst verfolgt beharrlich ihre drei Ziele: Wir sollen uns vor Gott schämen, ihm seine Gnade nicht glauben und schließlich andere Götter neben ihm zulassen.* Erschreckend viele Christen haben eine irregeleitete Vorstellung davon, was das Gericht Gottes ist und wie es abläuft. In dieser Vorstellung stehen wir in der Mitte des Gerichtssaals Gottes und müssen uns nackig machen. Alle unsere Taten, alle Gedanken, alle Gefühle, alle Fehler und alle Sünden werden aufgedeckt und für alle sichtbar. Und weil Gott alles sieht, auch das, was wir ein Leben lang vor anderen verborgen haben, müssen wir uns zutiefst schämen. Und dann wird abgerechnet, alles aufgelistet und gezählt, jede Schandtat protokolliert. Und Gott verurteilt uns, weil wir uns nicht an seine Weisungen gehalten haben. Er will uns für unsere Schuld in die Hölle werfen. In letzter Sekunde springt uns dann aber unser Anwalt Jesus bei und bewirkt durch seinen Tod am Kreuz unseren Freispruch. Gerade nochmal Glück gehabt!

Wie oft habe ich diese oder ähnliche Gerichtsszenen in Form von Anspielen in Gottesdiensten gesehen. Die Macher solcher Theaterstücke meinen es gut. Sie wollen damit veranschaulichen, dass es nicht auf unsere Taten, sondern auf Tod und Auferstehung Jesu ankommt. Aber warum befreit mich diese Veranschaulichung nicht? Warum wird meine Angst davon getriggert?

Der Grund ist einfach: Dieses Bild, diese Vorstellung, hat die Angst selbst entworfen. Sie ist die Drehbuchautorin und Regisseurin solcher Theaterstücke. Es ist ihre Idee, ihr geistiges Eigentum. Sie will uns weismachen, es wäre in Gottes Interesse, uns vor versammelter Mannschaft nackt auszuziehen, uns bloßzustellen und kräftig in unserer Schuld herumzurühren. Sie will uns einen kleinlichen Gott verkaufen, dessen Gerechtigkeit darin besteht, uns unsere Fehler aufs Butterbrot zu schmieren. Die Angst ist es, die uns erzählt, im Gericht Gottes gäbe es nur Freisprüche zweiter Klasse. So nennt man Freisprüche, die nie ausgesprochen werden, sondern zum Beispiel durch Verfahrensfehler oder die Einstellung des Verfahrens zustande kommen. Der Angeklagte ist zwar womöglich schuldig, aber wird nicht verurteilt. Freisprüche zweiter Klasse hinterlassen einen faden Beigeschmack, weil anschließend alle die Unschuld des Angeklagten bezweifeln. Und zwar unabhängig davon, ob er schuldig ist oder nicht. Solange kein Richter in einem Urteil feststellt, dass der Angeklagte erwiesenermaßen unschuldig ist, wird dieser Zweifel immer an ihm haften bleiben.

Soll das etwa unsere Eintrittskarte in den Himmel sein? Ist Jesus wie ein windiger Anwalt, ein Rechtsverdreher in Gottes Gerichtssaal? Ist sein Tod am Kreuz nicht mehr als ein Verfahrensfehler? Sind wir eigentlich schuldig, aber haben mehr oder weniger zufällig den richtigen Anwalt? Tragen wir diesen Zweifel mit uns in den Himmel? Kommen wir bei Gottes Gericht einfach nur mit zwei blauen Augen davon?

Diese Inszenierung der Angst ist eine Lüge. Nochmal: Es ist eine Lüge. Nichts davon ist wahr. Die Angst will, dass wir uns vor Gott schämen. Sie will, dass wir es eher für möglich halten, dass wir schuldig in den Himmel kommen, als dass Gott tatsächlich so gnädig ist, dass er unsere Schuld gestrichen und abgeschafft und vernichtet hat und uns annimmt, so wie wir sind. Sie will, dass wir unser Vertrauen auf das Recht Gottes verlieren und uns deshalb nach anderen Sicherheiten umsehen als nach diesem fiesen Richter.

Genau da setzt der erste Johannesbrief an und wirft die stärkste Waffe Gottes gegen die Angst und ihre Machenschaften in den Ring: seine unermessliche Liebe.

Wir haben erkannt, dass Gott uns liebt, und haben diese Liebe im Glauben angenommen. Gott ist Liebe. Und wer in der Liebe lebt, ist mit Gott verbunden, und Gott ist mit ihm verbunden. Darin hat die Liebe bei uns ihr Ziel erreicht: Am Tag des Gerichts werden wir voller Zuversicht sein. Denn wie Jesus Christus mit dem Vater verbunden ist, so sind es auch wir in dieser Welt. In der Liebe gibt es keine Furcht, sondern die vollkommene Liebe vertreibt die Furcht. Denn die Furcht rechnet mit Strafe. Bei dem, der sich fürchtet, hat die Liebe ihr Ziel noch nicht erreicht.   1. Johannes 4,16–18 (BB)

Diese deutliche Ansage nimmt der Angst mit ihrem Schreckensszenario vom Gericht Gottes vollständig den Wind aus den Segeln. Diese wunderschöne Bibelstelle entlarvt all diese Horrorvorstellungen vom Gericht Gottes als die Lüge, die sie sind. Die Liebe Gottes kommt in unser Leben und tritt gegen die Angst an. Wie die Angst ihre Ziele verfolgt, so verfolgt auch die Liebe Gottes ihre Ziele. Und wie die Angst nicht plötzlich unser Leben regiert, sondern allmählich stärker und erfolgreicher wird, so erreicht auch die Liebe Schritt für Schritt ihre Ziele. Je stärker die Liebe wird, desto schwächer wird die Angst. Wenn die Liebe vollkommen ist, wird die Angst sterben und uns für immer verlassen.

Wer an einen strafenden, drohenden, finsteren Richtergott glaubt, bei dem ist die Liebe noch nicht am Ziel. Wer dieses Gottesbild glaubt und es propagiert, wird von Angst regiert, nicht von Liebe. Aber dass die Liebe noch nicht ihr Ziel erreicht hat, heißt nicht, dass sie aufgibt. Für die Liebe ist niemand jemals verloren. Je mehr sie uns prägt, umso zuversichtlicher sind wir am Tag des Gerichts. Die Liebe schafft das Gericht nicht ab, aber sie nimmt uns die Angst davor. Denn wer sitzt da auf dem Richterstuhl? Es ist unser liebevoller Vater, in dessen Liebe es keine Angst gibt. Seine Liebe vernichtet die Angst. Er ist die Liebe. Wo er ist, kann keine Angst sein. Er vertreibt sie. Kompromisslos. Gottes Liebe schafft eine Verbindung zwischen ihm und uns, die seiner Verbindung zu seinem Sohn gleicht. Wer Gottes Liebe kennt, der hat keine

Angst mehr vor dem Gericht, weil der liebevolle Vater einen Freispruch erster Klasse schon längst ausgesprochen hat. Gottes Liebe reinigt uns und befreit uns von unserer Schuld. Das hat mit einem schmutzigen Deal, der uns trotz unserer Schuld mit unlauteren Mitteln vor Gericht irgendwie raushaut, nichts zu tun.

Ich erlebe in meiner Arbeit als Pastor immer wieder, dass es vielen Christen suspekt ist, wenn jemand tatsächlich keine Angst vor Gottes Gericht hat. Das wirkt auch auf viele Christen, die schon sehr lange mit Jesus unterwegs sind, seltsam oder sogar respektlos. Als ob es irgendwie überheblich wäre, wenn man tatsächlich meint, nichts befürchten zu müssen. Viele verwechseln das Vertrauen auf die Liebe Gottes mit Selbstüberschätzung. Wer locker bleibt im Angesicht des Gerichts Gottes, der muss naiv sein oder glaubt ernsthaft, alles richtig gemacht zu haben!

Ich finde es immer wieder erschütternd, dass vielen gar nicht in den Sinn kommt, dass diese Lockerheit ja auch aus dem tiefen Vertrauen auf die Liebe Gottes kommen könnte. Ich glaube von ganzem Herzen daran, dass Gottes Liebe die Angst vertreibt und dass sie am Ende Sieger ist. Manchmal lässt mich aber der Eindruck nicht los, dass die Mehrheit der Christen so von Angst beherrscht wird, dass sie die Bedeutung der Liebe Gottes nicht annähernd versteht. Auch dann nicht, wenn sie sieht, was für eine befreiende Wirkung sie hat. Es kommt mir vor, als hätten wir einen Sack über dem Kopf. Es ist Zeit, diesen Sack loszuwerden.

DER SCHLEIER WIRD GELÜFTET

In unserer Kultur sind wir sehr stark auf das Schriftliche fixiert. Wichtige Dinge regeln wir am liebsten schwarz auf weiß. Das gibt uns ein Gefühl der Sicherheit, weil sich alle Parteien eines Geschäfts oder eines Vorhabens auf eine gemeinsame feststehende Erklärung beziehen. Wir meinen, dass etwas, das schriftlich festgehalten wurde, eindeutig und für jedermann verständlich ist. Wenn es um wichtige Angelegenheiten geht, fertigen wir Protokolle an und wenn es um viel Geld geht, beglaubigt der Notar unsere Schriftstücke. Dann ist es sogar noch sicherer. Manche Vereinbarungen und Verträge bedürfen sogar der Schriftform, um überhaupt gültig zu sein. Manche aber auch nicht.

Ein Kollege erzählte mir mal, dass er seit 15 Jahren ohne Arbeitsvertrag in seiner Gemeinde angestellt ist. Ich konnte das zuerst gar nicht glauben. In meinem Arbeitsvertrag ist alles bis ins letzte Detail festgehalten: Arbeitszeiten, Urlaub, Bezahlung und im Anhang noch eine Arbeitsplatzbeschreibung. Ich fragte mich sofort, was der Kollege bloß ohne Arbeitsvertrag macht, wenn es mal einen Konflikt gibt. Was, wenn die Gemeinde sich urplötzlich nicht mehr an mündliche Vereinbarungen erinnern kann? Was, wenn sie ihn einfach rausschmeißen, wenn er ihnen nicht mehr passt? Oder ihm das Gehalt kürzen, weil es gerade halt etwas knapp ist in der Gemeindekasse? Aber das machte ihm alles keine Sorgen. Er fand es gut so. Es gab ihm ein Gefühl der Freiheit. Was ich vorher tatsächlich nicht wusste: Ein Arbeitsverhältnis ist auch ohne schriftlichen Vertrag vollkommen rechtens und bindend. Der Kollege fragte mich dann, wieso ich es eigentlich bevorzuge, einen Arbeitsvertrag zu haben, wenn das doch gar nicht vorgeschrieben ist. Ich fand diese Frage so abwegig, dass ich erst mal drüber nachdenken musste. Und mir fällt auch nach längerem Überlegen nur eine Antwort ein. Am Ende ist es einfach Misstrauen. Wenn ich meinem Gegenüber voll und ganz vertraue, muss ich keinen Vertrag mit ihm machen. Mein Arbeitsvertrag ist eine Sicherheit für beide Seiten. Dabei wäre Vertrauen doch so viel besser als Sicherheit. Zum Glück schließt sich beides gegenseitig nicht völlig aus. Trotzdem gibt es mir zu denken, weil ich mich ja schon fragen muss, was von beidem mir eigentlich wichtiger ist: Vertrauen oder Sicherheit? Ich dachte bis dahin immer: Schriftlich ist eindeutig. Und deshalb gut.

Aber wer schon mal versucht hat, eine europäische Verordnung zu verstehen, die vollständigen AGBs einer Firma gelesen oder eine Datenschutzerklärung für eine Website eingerichtet hat, weiß: Schriftlichkeit heißt nicht unbedingt, dass man leichter versteht, worum es geht. Manchmal ist das Gegenteil der Fall. Irgendwann habe ich es mir zum Prinzip gemacht, niemals einen schriftlichen Streit zu führen. Das geht immer in die Hose, ohne Ausnahme. Das liegt daran, dass wir Menschen nicht sachlich kommunizieren. Wenn wir miteinander sprechen, nehmen wir nicht nur die Worte unserer Gesprächspartnerin wahr, sondern auch ihre Blicke, die Stimmlage, ihre Bewegungen, die Mimik, ob sie nervös ist oder gelassen, ob sie schwitzt, wie sie riecht und vieles mehr. Wenn wir lesen, was jemand geschrieben hat, nehmen wir all das nicht wahr und können es uns nur vorstellen. Und Grundlage für diese Vorstellung ist unsere bisherige Beziehung zum anderen. Wenn ich also der Überzeugung bin, dass mir jemand böse gesinnt ist, kann ich von ihm einen Liebesbrief bekommen und werde ihn als Kriegserklärung verstehen. Andersherum fühle ich mich von einer inhaltlichen Kritik nicht verletzt, wenn ich der Absenderin vertraue und daran glaube, dass sie es gut meint mit mir. Wenn ich meinem Chef misstraue, hilft mir auch der beste Arbeitsvertrag nicht, weil Sicherheit eben nicht Vertrauen ersetzen kann.

Wenn wir die Bibel lesen, greifen diese Mechanismen auch. Die Worte der Bibel sind nicht neutral und eindeutig. Ob und wie wir sie verstehen, hängt in erster Linie von unserer Beziehung zum Absender ab. Du wirst kaum zwei Christen auf diesem Planeten finden, die ein identisches Schriftverständnis haben. Das Spektrum zwischen Bibelfundamentalismus und weitgehender Relativierung biblischer Aussagen ist breit. Theologen aller möglichen Richtungen und Konfessionen können sich endlos über dieses Thema streiten. Gemeinsam haben wir aber alle, dass wir in der Bibel nach Offenbarungen Gottes suchen. Das bedeutet, dass wir glauben, dass Gott durch diese alten Texte aus längst vergangenen Zeiten, die irgendwann mal zu heiligen Schriften erklärt wurden, zu uns sprechen kann und es tut. Da hören die Gemeinsamkeiten aber auch schon auf. Denn wie wir diese alten Texte verstehen und einordnen, hängt sehr stark davon ab, wie wir uns Gott vorstellen, während wir lesen. So können wir ein- und dieselbe biblische Geschichte sehr unterschiedlich deuten, einfach weil unsere Vorstellungen von Gott unterschiedlich sind. Meine Überzeugung ist: Wer Gott nicht vertraut, kann die Bibel nicht verstehen und wird immer falsche Schlüsse aus ihr ziehen.

Es ist also überhaupt nicht verwunderlich, dass die Angst vor Gott dazu führt, dass Menschen die Bibel falsch verstehen. Eigentlich ist das viel zu harmlos formuliert. Vielmehr ist die Angst der Sack über dem Kopf, der den Blick vieler Menschen verstellt, wenn sie in der Bibel lesen. Um diesen Sack geht es

auch im zweiten Korintherbrief. Nur dass Paulus aus gutem
Grund nicht Sack, sondern »Schleier« sagt.

*Weil wir diese große Hoffnung haben, können wir frei
und offen auftreten. Es ist nicht wie bei Mose, der sein
Gesicht mit einem Schleier verhüllte. Denn die Israeliten
sollten nicht sehen, dass der Glanz wieder verging. Doch
ihre Sinne blieben verschlossen. Bis zum heutigen Tag
liegt derselbe Schleier beim Vorlesen über den Schriften
des alten Bundes. Dieser Schleier wird nicht weggenommen, weil er nur durch die Verbundenheit mit Christus
gelüftet werden kann. Ja, bis heute liegt ein Schleier über
ihrem Herzen, wenn aus den Schriften des Mose vorge-
lesen wird. Aber sobald die Israeliten sich dem Herrn zu-
wenden, wird der Schleier weggenommen. Der Herr wirkt
nämlich durch seinen Geist. Und wo der Geist des Herrn
wirkt, da herrscht Freiheit.*

2. Korinther 3,12–17 (BB)

Dieser Text von Paulus bezieht sich auf eine sonderbare
Geschichte, die uns in Exodus 34,29–35 erzählt wird: Nachdem Mose vor lauter Wut über die Abkehr der Israeliten von
Gott die Steintafeln mit den Geboten zerschmettert hatte, klet-
terte er erneut auf den Berg Sinai in Gottes Gegenwart und
besorgte sich von ihm sozusagen eine neue Kopie der Gebote.
Als er nach 40 Tagen vom Berg herabsteigt, hat ihn die Herrlichkeit Gottes verändert. Sein Gesicht leuchtet so intensiv,
dass die Leute Angst vor ihm bekommen. Nachdem er ihnen
die Gebote Gottes verkündet hat, verdeckt er sein Gesicht mit
einem Schleier, damit die Menschen keine Angst mehr haben.
Wie genau dieser Schleier aussah, wissen wir nicht. Das heb-
räische Wort kommt im Alten Testament nur an dieser Stelle

vor. Und seine griechische Übersetzung nur einmal im Neuen Testament, nämlich hier im zweiten Korintherbrief.

Klar ist nur: Diesen Schleier gibt es aus einem ganz bestimmten Grund, nämlich wegen der Angst der Menschen vor Gott. Es ist Gottes Herrlichkeit, die auf Moses Gesicht glänzt und Angst auslöst bei allen, die ihm begegnen. Der Schleier auf Moses Gesicht ist für mich eine Metapher für den Schleier, den die Angst über Gottes Botschaften an uns legt, damit wir sie nicht mehr scharf sehen können. Damit wir Gottes Herrlichkeit nicht mehr erkennen, obwohl sie uns die ganze Zeit umgibt und uns buchstäblich anspringt. Damit wir in die Bibel alles Mögliche hineininterpretieren, nicht aber Gottes unbedingte Liebe und seine Gnade, die uns in seiner Herrlichkeit anleuchtet. Damit wir sie lesen wie ein Vertragswerk, in dem es auf die exakte Formulierung ankommt, auf Ansprüche und Forderungen und Rechte. Damit wir sie bloß nicht wie den Brief unseres liebevollen Vaters lesen, der uns sein Herz und sein Reich schenkt. Der Schleier der Angst verschließt unsere Sinne für Gott. Wer versucht, die Bibel durch diesen Schleier zu lesen, wird sicher nicht die Freiheit erleben, die uns das Wort Gottes schenkt. Vielleicht wird er trotzdem fest davon überzeugt sein, die Bibel zu verstehen, steht aber in Wahrheit mit einem Sack auf dem Kopf mitten in einem riesigen Labyrinth.

Was Paulus hier über den Schleier sagt, wurde und wird leider immer wieder antisemitisch ausgelegt. Weil er eben sagt, dass »die Juden« diesen Schleier tragen und darum Gott nicht verstehen, obwohl sie doch sein erwähltes Volk sind. In der Welt des ersten Jahrhunderts und aus Paulus' Mund hat das seine Berechtigung, da er selbst jüdischer Gelehrter gewesen war, der aufgrund seiner fehlgeleiteten Theologie Christen verfolgt hatte. Aber dann erlebte er, wie dieser Schleier der

Angst von seinem Gesicht genommen wurde, als er Jesus kennenlernte. Außerdem kannte er als Gelehrter auch Jesaja 25,7. Dort ist die Rede davon, wie Gott eines Tages die Verhüllung von den Gesichtern aller Völker nehmen wird. Interpretiert wurde diese Stelle immer so, dass nur die anderen Völker diesen Schleier tragen, nicht aber das Volk Gottes. Paulus interpretiert diesen Schleier aber neu: Die Hoffnung, dass Gott den Schleier aller Völker lüften wird, bezieht sich auf alle Menschen und damit auch auf das Volk Israel. Paulus will hier also gar nicht behaupten, dass nur »die Juden« diesen Schleier tragen, sondern alle Menschen und damit auch die Juden.

Das ist ganz schön provokant, weil es dem Selbstverständnis Israels widerspricht, das einzige Volk zu sein, dass Gott in aller Klarheit sehen und verstehen kann. Wenn Paulus so etwas Provokantes sagt, dann meint er damit seine eigenen Schwestern und Brüder und seine Familie. Im 21. Jahrhundert, aus dem Mund von modernen Christen, die nie zuvor Juden waren und dazu noch einem Volk angehören, das für die schlimmste Judenverfolgung der Geschichte verantwortlich ist, sollten solche Worte mit äußerster Vorsicht genossen werden.

Wir sollten den Schleier, von dem Paulus spricht, nicht bei »den Juden«, sondern vor unserer eigenen Nase suchen. Denn da hängt er und versperrt uns die Sicht. Gerade, wenn wir uns im Recht glauben und mit dem Finger auf die anderen zeigen, die natürlich alle verstockt sind, entfaltet der Schleier erfolgreich seine Wirkung bei uns. Er macht uns zu Menschenfeinden, die sich in ihrem Hass auch noch durch ihre Heiligen Schriften bestätigt fühlen. Zu Blinden, die anderen ständig ihre Blindheit vorwerfen. Darum geht es Paulus hier.

Er hat selbst erlebt, dass dieser Schleier von uns genommen werden kann und wir dann klar sehen. Der Schleier der Angst,

der Gottes Liebe in unserem Leben und in seinem Wort verdeckt und der dafür sorgt, dass wir Gottes Herrlichkeit nicht
erkennen können, kann nur durch Verbundenheit mit Jesus
Christus gelüftet werden. Und dann, so sagt Paulus, werden
wir die Freiheit erleben, die nur Gottes Geist uns schenken
kann. Es ist sein Geist, der uns eine neue, klare Sicht gibt und
uns so überhaupt erst ermöglicht, das böse Spiel der Angst zu
durchschauen. Sein Geist heilt unsere zerbrochene Beziehung
zu Gott. Er repariert unser beschädigtes Vertrauen, das uns
immer daran gehindert hat, Gott bei allem, was er sagt und
tut, etwas Gutes zu unterstellen. Denn er will das Gute für uns.

Ich kann mich noch genau an den Tag erinnern, als ich unseren Mietvertrag unterschrieben habe. Meine Frau blieb mit
unserer kleinen Tochter, die erst wenige Wochen alt war, zu
Hause. Ich fuhr also allein die 300 km zum neuen Wohnort
und am selben Tag wieder zurück – nur für diese eine Unter-
schrift unter dem Mietvertrag. Da saß ich nun im Wohnzim-
mer unseres neuen Vermieters und die Maklerin packte einen
ellenlangen und kryptisch formulierten Knebelvertrag auf den
Tisch.

Er entsprach komplett den Empfehlungen einer großen
Interessenvertretung für Vermieter. Alles, was das Mietrecht
hergibt, war zugunsten des Vermieters geregelt. Meine Rechte
waren auf ein Minimum begrenzt. Ein Beispiel: Die Einbau-
küche Marke Eiche-rustikal ist Eigentum des Vermieters,
wird aber nicht mit dem Mietpreis verrechnet. Wenn wir was
kaputtmachen, sind wir haftungspflichtig. Und wenn ein Kü-
chengerät von selbst den Geist aufgibt, haben wir es zu ersetzen, es gehört dann aber dem Vermieter. Anderes Beispiel: Für
jede noch so kleine Veränderung brauchen wir die schriftliche
Genehmigung des Vermieters, sogar für das Umpflanzen eines

Beetes im Garten. Ich sag ja: Ein Knebelvertrag! Ich zögerte, zumal ich diesen Vertrag ja auch im Namen meiner Frau unterschreiben sollte. War das wirklich richtig? Konnte das ein entspanntes Wohnen für unsere junge Familie sein, wenn es schon so losging? Aber erstens war das die einzige Wohnung, die für uns in Frage kam. Zweitens war ich gerade stundenlang gefahren, um den Vertrag zu unterschreiben. Drittens wollte ich nicht gleich zu Beginn an allem rummäkeln und auf mein gutes Recht pochen. Und viertens wirkte der Vermieter im Gegensatz zur Maklerin irgendwie vertrauenswürdig. Also unterschrieb ich.

Später stellte sich heraus, dass der Vermieter den Vertrag vor diesem Termin auch noch nie gesehen hatte. Er war total entspannt mit all diesen Regelungen. Mit der Küche wollte er nichts zu tun haben und sagte, dass sie uns gehöre, wir sollten damit machen, was wir wollen. Als ich ihn mal fragte, ob wir die hässlichen Büsche im Garten entfernen dürfen, war er ganz erstaunt über die Frage und meinte nur: »Sie wohnen doch da! Solange Sie den Garten nicht asphaltieren, ist mir egal, wie Sie ihn gestalten.« Und als wir eine neue Küche einbauen wollten, zahlte er ohne Zögern neue Fliesen und Farbe und Zubehör.

All das hätte er nach dem Vertrag, den wir zuvor geschlossen hatten, so nicht tun müssen. Natürlich ist dieser Vertrag trotzdem gültig, vermutlich hat jedes Wort darin rechtlich Bestand. Für manche Freiheit, die wir uns als Mieter herausgenommen haben, könnte uns der Vermieter theoretisch irgendwann mal richtig Ärger machen. Aber ich vertraue ihm, dass er das nicht tut. Ich vertraue darauf, dass er zu seinem Wort steht und mich im Zweifel nicht auf einen Vertrag festnagelt.

Niemand gibt mir eine Garantie darauf. Aber die brauche ich auch nicht. Mir reicht das Vertrauen. Und ich glaube, dieses Vertrauen ist beidseitig. Und das macht unser Verhältnis zu einem guten Vermieter-Mieter-Verhältnis. Darum sage ich immer: Lieber so als andersrum! Lieber einen Knebelvertrag mit einem freundlichen, vertrauenswürdigen Vermieter als einen total laschen Vertrag mit einem üblen, feindseligen und bösartigen Vermieter.

Der Schleier der Angst lässt uns die Bibel lesen wie einen Knebelvertrag, den wir unterschreiben sollen, ohne den Vertragspartner zu kennen. Darum machen wir uns Sorgen darum, welche Konsequenzen uns bei welchem Verhalten erwarten. Wir zögern, uns auf so ein riskantes »Geschäft« einzulassen. Wir haben Angst vor all diesen Regeln und Gesetzen und Verpflichtungen.

Und wenn wir ehrlich sind, verstehen wir auch gar nicht wirklich, was das alles ganz genau bedeutet. Es ist einfach zu groß und zu fremd und zu unübersichtlich. Wir können ja nicht absehen, was morgen sein wird und ob wir dann vielleicht bereuen, uns darauf eingelassen zu haben. Wir lesen in Gottes Wort, aber der Schleier der Angst macht uns blind für den, der diese Worte sagt: den liebevollen Vater.

Wenn Jesus Christus den Schleier der Angst von unseren Gesichtern entfernt, dann merken wir: Es kommt nicht auf den Buchstaben und den genauen Wortlaut an, sondern darauf, wie Gott sich dazu verhält. Es kommt auf unsere Beziehung zu ihm an und nicht auf das Schriftliche. Dabei bleibt jedes Wort der Bibel so gültig, wie mein Mietvertrag es auch bleibt. Natürlich könnte Gott mir Ärger machen für all die Freiheiten, die ich mir herausnehme. Er könnte mir jederzeit alle möglichen Fehltritte vorwerfen und mir haarklein anhand der Bibel zeigen, was ich alles falsch gemacht habe. Aber das wird er nicht tun!

Woher ich das weiß? Ich weiß es gar nicht. Aber ich vertraue meinem Vater im Himmel. Ich habe keine Angst vor ihm. Ich vertraue darauf, dass er mich liebt und kein Interesse daran hat, mich in die Pfanne zu hauen. Tief im Herzen dieses Vertrauen zu haben, dafür müssen wir erlebt haben, wie Jesus uns den Schleier der Angst abgenommen hat. Wie er uns einen Blick auf Gottes unfassbare Liebe gestattet hat. Ohne die Lügenbrille der Angst. Ohne den Sack auf dem Kopf, der uns die Sicht versperrt. Ein Leben in Gottes Herrlichkeit hängt nicht von Buchstaben, Worten oder Sätzen ab, sondern einzig und allein von unserem Vertrauen auf ihn.

Ich weiß, wovon Paulus redet, denn irgendwann hat Jesus den Schleier der Angst von mir genommen. Wie genau das passiert ist, werde ich dir noch erzählen. Jedenfalls war eine wichtige Folge dieser Befreiung, dass ich aufgehört habe, mithilfe der Bibel Gott verstehen zu wollen. Stattdessen habe ich angefangen, mit Gottes Hilfe die Bibel zu verstehen. Ich hörte auf, die Bibel zu zwingen, mir Gott zu erklären, und ließ mir stattdessen von Gott erklären, was es mit seinem Wort auf sich hat.

Seitdem bin ich bereit, alles zu unterschreiben, was Gott mir vorlegt. Was auch immer es von mir verlangt. Nicht, weil ich alles kann und mir alles zutraue. Und nicht, weil ich besonders mutig wäre, ganz im Gegenteil. Sondern weil ich weiß, dass er alles kann. Weil ich ihm alles zutraue. Und weil ich daran glaube, dass er mich liebt.

In meinem Leben war dieser Blankoscheck an Gott der Weg raus aus der Angst. Das war mein Exodus aus der Sklaverei. Es war der Abwurf des Schleiers. Allmählich lüftete er sich und ich konnte scharf und deutlich erkennen, was vorher nur in groben Konturen sichtbar war: Gottes wahres, liebevolles Gesicht. Oder um es mit Paulus' Worten zu sagen:

Wir alle sehen die Herrlichkeit des Herrn mit unverhülltem Gesicht wie in einem Spiegel. Dabei werden wir selbst in sein Ebenbild verwandelt. Wir bekommen immer mehr Anteil an seiner Herrlichkeit – so wie es der Geist des Herrn bewirkt.   2. Korinther 3,18 (BB)

KEINE ANGST MEHR VOR DEM TOD

Warum musste Jesus sterben? Das ist eine einfache Frage, deren Beantwortung aber sehr kompliziert ist. Die Tötung Jesu hatte politische, religiöse und juristische Gründe. Unabhängig davon gehört sein Tod aber vor allem zum sogenannten Heilsplan Gottes. Er sollte geschehen, er war Gottes Plan.

Es will nicht so recht in meinen Kopf: Gott überlegt sich, wie er uns Menschen retten kann. Und die beste Idee, die er hat, beinhaltet die Hinrichtung seines Sohnes? Warum kann Gott uns nicht auf einem weniger blutigen Weg retten? Diese Frage habe ich mir schon immer gestellt und die üblichen Antworten darauf befriedigen mich nicht. Die Theologie spricht vom Sühnetod Jesu. Damit ist gemeint: Wir Menschen haben für unsere Schuld und unsere Übertretungen den Tod verdient. Und nun nimmt Jesus die Strafe stellvertretend für uns auf sich, damit wir sie nicht tragen müssen.

Diese Idee ist grundlegend für den christlichen Glauben. Aber sie ist mittlerweile auch umstritten, und zwar zu Recht. Wenn Gott uns unsere Schuld nicht einfach so vergeben kann, sondern Blut sehen will oder muss, was sagt das über ihn aus? Sogar ich kleiner, schwacher und fehlbarer Mensch bin in der Lage, anderen Menschen ihre Fehltritte zu verzeihen. Auch dann, wenn sie mich sehr verletzt haben. Selbst wenn sie keine Entschädigung leisten. Und sogar dann, wenn sie ihre Schuld womöglich nicht einmal einsehen. Natürlich ist das nicht leicht, aber ich kann es schaffen. Warum tut sich der allmächtige Gott damit so schwer?

Die Diskussion um dieses Thema hat gigantische Ausmaße und viele sehr weise Theologen haben weise Dinge dazu gesagt und geschrieben. Mir geht es aber gar nicht um die große theologische Diskussion, die ohne Frage sehr spannend ist. Mir geht es um etwas, das in dieser Sühnetod-Vorstellung eine gewichtige Rolle spielt: die Angst.

Denn diese Vorstellung fördert das Bild von einem Gott, der Vergeltung will. Und das nicht als eine Art erzieherische Maßnahme, was ja schon schlimm genug wäre, sondern aus Prinzip. Es ist ihm sogar egal, ob der Schuldige selbst die Zeche zahlt oder ein Unschuldiger sie für den Schuldigen übernimmt. Er lässt sich nur besänftigen, wenn jemand für die begangene Schuld leidet. Was übrigens besonders brutal ist, wenn man bedenkt, dass Gott uns auch so hätte schaffen können, dass wir keine Schuld auf uns laden können.

Das Bild eines sadistischen Gottes, der uns vernichten will und dem wir nur mit Glück entkommen, wird in unsere Köpfe gemalt. Dieses zerstörerische Bild soll uns ein schlechtes Gewissen machen, weil jemand anderes für uns leiden und sterben musste. Und es soll uns glauben machen, dass Gottes Gnade an die Bedingung eines Blutzolls geknüpft ist und dass Gott Köpfe rollen sehen will. Kurz: Dieses Gottesbild trägt die Handschrift der Angst.

Es ist eine Lüge. Es entspricht nicht dem wahren Wesen Gottes, vielmehr ist es das Gegenteil davon. Und doch ist es so erfolgreich, dass es immer wieder von den Kanzeln und Altären der Christenheit gepredigt wird. Die Angst hat unsere Karfreitags-Theologie gekapert!

Dabei gibt die Bibel selbst eine ganz andere Antwort auf die Frage, warum Jesus sterben musste. Und diese Antwort hat es in sich. Sie ist das pure Gegenteil vom Bild eines blutrünstigen Gottes, der Vergeltung will. Der Hebräerbrief bringt diese Antwort auf den Punkt:

> *Da Gottes Kinder Menschen aus Fleisch und Blut sind, wurde auch Jesus als Mensch geboren. Denn nur so konnte er durch seinen Tod die Macht des Teufels brechen, der Macht über den Tod hatte. Nur so konnte er die befreien, die ihr Leben lang Sklaven ihrer Angst vor dem Tod waren.* Hebräer 2,14–15 (NLB)

Es gibt einen großen, heiligen, gnädigen und liebevollen Grund, warum Jesus sterben musste: Er will unsere Angst besiegen und uns aus der Sklaverei befreien. Er hat am Kreuz einen neuen Exodus geschaffen: den Exodus aus der Angst. So wichtig ist es Gott, die Herrschaft der Angst in unserem Leben zu beenden, dass er dafür selbst in den Tod geht. Ohne Jesus und das, was er für uns getan hat, bleiben wir für immer die Sklaven unserer Angst vor dem Tod.

Die Angst vor dem Tod ist der Endgegner, den die Angst ins Rennen schickt, wenn nichts anderes mehr geht. Wenn unser Leben bedroht ist, übernehmen unsere Instinkte. Kein kühler Kopf, kein Glaube und keine guten Vorsätze können gegen diese Angst etwas ausrichten. Aller anderen Bedrohungen können wir Herr werden, aber gegen den Tod sind wir chancenlos. Er ist die Tür, durch die niemand zurückkommt. Wir wissen rein gar nichts darüber, was hinter dieser Tür ist. Wir wissen nur, dass wir alle unweigerlich durch diese Tür gehen müssen, früher oder später. Den größten Teil unseres Lebens ist diese Tür weit weg, in ferner Zukunft. Manchmal kommt sie uns aber bedrohlich nah und erinnert uns daran, dass wir nicht irgendwann, sondern jederzeit sterben können. Es könnte in einer Minute vorbei sein. Oder der Tod lässt dich noch jahrzehntelang in der Angst vor seinem unabwendbaren Kommen zappeln. So oder so rückt er jeden Tag ein kleines Stückchen näher an uns heran. Unser Leben ist zerbrechlich und sehr leicht auszulöschen. Das alles macht den Tod zu einem perfekt geeigneten Werkzeug für die Angst. Und sie nutzt es ausgiebig und gern und oft.

Jesus Christus wurde nicht ans Kreuz geschlagen, um Gottes Rachsucht zu befriedigen. Wer so etwas erzählt oder auch nur impliziert, macht sich selbst zum Werkzeug der Angst. Jesus Christus ließ sich ans Kreuz schlagen, um die Bedrohung des Todes aus unserem Leben zu entfernen. Er tat es, um der Angst ihr wichtigstes Werkzeug aus der Hand zu reißen. Er ließ das alles mit sich geschehen, damit wir keine Sklaven mehr sein müssen.

Die Analogie zwischen Mose am Schilfmeer und Jesus am Kreuz ist sicher gewollt: Mose streckte seine Hände aus und daraufhin teilte Gott das Meer. Das war der Tag, an dem das Volk Israel die Herrschaft Ägyptens endgültig hinter sich ließ. Der Tag, an dem sie keine Sklaven mehr waren. Auch Jesus streckte seine Hände aus, um ans Kreuz geschlagen zu werden. Und daraufhin teilte Gott den Vorhang im Tempel, der uns von seiner Herrlichkeit trennte, in zwei Stücke. Das war der Tag, seitdem alle, die an ihn glauben, die Herrschaft der Angst hinter sich lassen dürfen.

Diese Befreiung von der Angst ist keine Belohnung für braven Glauben. Es ist nicht so, dass Gott ein Bekenntnis von uns fordert, in dem wir eine ganz bestimmte Tatsache als historisch wahr anerkennen. Und wenn wir das tun, dann befreit er uns im Gegenzug auf eine zauberhafte Weise von unserer Angst. Wenn das so wäre, dann hätten wir als Christenheit kein Angstproblem und dieses Buch wäre überflüssig. Es ist vielmehr so: Wenn wir mit dem Herzen glauben und darauf vertrauen, dass Jesus Christus, der Sohn unseres liebevollen und gnädigen Gottes, gestorben und auferstanden ist, müssen wir keine Angst mehr vor dem Tod haben. Weil wir wissen, dass der Tod keine Macht hat und keine echte Bedrohung für uns darstellt. Und darum müssen wir nicht mehr leben wie Sklaven. Wir können leben wie Kinder Gottes. Unsere Entscheidungen müssen nicht mehr der Angst Rechnung tragen. Wir müssen sie nicht mehr einkalkulieren und ihr nicht mehr unsere Kraft und Zeit zur Verfügung stellen.

Allerdings passiert diese Befreiung nicht schlagartig. Es ist ein Weg, eine Entwicklung, eine Reise aus dem Ägypten unserer Angst durch das Schilfmeer und die Wüste in das gelobte Land, das Gott uns versprochen hat. Wenn wir losgehen und uns auf diese Reise machen, werden wir erleben, wie Gott wirklich ist. Er wird sich uns zeigen, uns zur Seite stehen, mit uns ringen und uns versorgen. Und irgendwann auf diesem Weg werden wir mit dem Herzen verstehen, dass Gott uns liebt und alles tut, damit wir die Angst verlieren – oder besser gesagt: Die Angst uns verliert.

Der Tod Jesu ist kein Opfer *für Gott*, damit sein Vernichtungstrieb unter Kontrolle bleibt. Gott hat kein Interesse an unserer Vernichtung. Und er braucht keine Opfer, um uns lieben und vergeben zu können. Er hat beides schon immer getan. Der Tod Jesu am Kreuz ist ein Opfer *für uns*, damit die Angst keine Kontrolle mehr über aus ausübt. Damit wir in Freiheit leben können. In diesem Sinne glaube auch ich an den Sühnetod. Nur halt ohne das furchtbare Gottesbild, das für viele Menschen dahintersteckt. Denn nur die unbeschreibliche Liebe, die Gott uns damit beweist, dass er selbst sich ans Kreuz nageln lässt, um uns zu befreien, kann der Angst wirklich etwas entgegensetzen. Und wenn wir keine Sklaven der

Angst vor unserem Tod mehr sind, können wir endlich so leben, wie Gott es sich für uns wünscht.

Wenn ich ein Leben führe, das Jesus vertraut, brauche ich keine Angst vor der letzten Tür zu haben. Denn Jesus ist durch diese Tür vorgegangen und hat Tod, Teufel und Angst besiegt. Jesus ist gestorben und lebt. Und das bedeutet, dass auch wir sterben und trotzdem leben werden. Die letzte Tür, durch die wir gehen, ist keine Bedrohung mehr, sondern der Beginn eines neuen Lebens in den Armen Gottes. Warum sollten wir Angst davor haben?

> *Wenn wir leben, leben wir für den Herrn. Und wenn wir sterben, sterben wir für den Herrn. Ob wir nun leben oder ob wir sterben – immer gehören wir dem Herrn!*
>
> *Römer 14,8 (BB)*

Es war mir wichtig, ausführlich die Perspektiven anzuschauen, die das Neue Testament auf die Angst hat, bevor ich die Geschichte meines persönlichen Exodus' erzähle. Der erste Grund, warum mir das so wichtig ist: Die biblischen Texte zeigen beeindruckend, dass Gottes großer Plan gegen die Herrschaft der Angst einerseits zwar für alle Menschen gilt, sich aber andererseits bei jedem einzelnen Menschen individuell auswirkt. Die Angst zeigt sich in deinem Leben anders als in meinem Leben. Darum ist auch das, was Gott in deinem Leben tut, nicht unbedingt mit dem vergleichbar, was er in meinem Leben tut. Meine Geschichte mit der Angst ist nur ein Beispiel, nur eine Möglichkeit. Und trotzdem: Wie genau Gott die Angst aus deinem Leben vertreibt und wie er das bei mir anstellt, mag sich unterscheiden, ist aber ganz sicher immer von seiner unendlichen Liebe zu uns erfüllt, von der die Bibel spricht. An dieser Liebe können wir ihn jederzeit erkennen.

Der zweite Grund, warum mir diese Bibeltexte so wichtig sind: Sie haben unglaublich viel mit meiner eigenen Befreiungsgeschichte zu tun. Alles, was wir in der Bibel über Gottes Kampf gegen die Herrschaft der Angst lesen, hat Gott in meinem Leben getan. Oder ich spüre, wie er es gerade tut. Oder ich vertraue darauf, dass er es noch tun wird. Diese alten Texte sind für mich keine netten Worte ohne große Auswirkungen, vielmehr haben sie sich in meinem Leben erfüllt oder sie tun es noch. Was ich mit Gott erleben durfte, hat in mir das Vertrauen gefestigt und stark gemacht, dass auch jede andere biblische Verheißung Wirklichkeit werden wird. Mit jedem Schritt, den Gott mit mir geht, wird dieses Vertrauen ein bisschen größer. Über dieses wachsende Vertrauen in meinem Leben muss sich die Angst wirklich fürchterlich ärgern.

4

WIE GOTT MEINE ANGST BESIEGTE

BRENNENDE BÜSCHE UND GEPACKTE KOFFER

Ich muss zugeben: Es war kein besonders erhabener Moment, als Gott die Wende in meinem Leben einläutete. Kein übersinnliches Erlebnis, kein geisterfüllter Gottesdienst mit knackiger Predigt, keine donnernden Worte vom Himmel, nicht einmal ein Spaziergang im Wald, bei dem mir eine Erleuchtung kam. Ehrlich gesagt: Es geschah, als ich gerade auf dem Klo saß, dem Ort der Wahrheit sozusagen. Ja, ich weiß. Es tut mir ja leid, aber so war es nun mal. Einerseits fühlt es sich jedes Mal, wenn ich davon erzähle, irgendwie seltsam an, dass alles auf dem stillen Örtchen begann. Andererseits zeigt das auch Gottes Humor und seine liebenswerte Eigenschaft, jederzeit an ungewöhnlichen Orten auf überraschende Weise zu uns zu sprechen, wenn er will. Jedenfalls besuchte ich gerade meine Eltern und ging nach dem Essen aufs Örtchen. Dort deponiert meine Mutter immer einen Stapel christlicher Zeitschriften gegen Verdauungslangeweile. Und da es im Spätsommer des Jahres 2003 noch keine Smartphones gab, blätterte ich während meiner Sitzung durch diese Zeitschriften.

In einer davon stieß ich auf die Werbung für einen Jahreskurs an der Bibelschule in Elstal. Es handelte sich um einen kurzen Text, der beschrieb, wofür der Jahreskurs gut war: Tiefer in die Bibel einsteigen, Orientierung für das eigene Leben finden, in geistlicher Gemeinschaft mit anderen leben, solche Dinge. Es war gar nicht unbedingt der Text oder das Design der Werbung, was mich ansprach. Ich kann es gar nicht richtig beschreiben. Schlagartig und urplötzlich war mir bewusst: Da soll ich hingehen! Es war, als wäre mir in meinem ganzen Leben noch niemals etwas so glasklar gewesen. Ich hatte vorher noch nie von dieser Bibelschule gehört. Geschweige denn hatte ich vor, mich ernsthaft mit Theologie zu beschäftigen oder ans andere Ende von Deutschland umzuziehen. Ich hatte gerade ein Studium angefangen, einen Nebenjob und eine nette Wohnung. Es war überhaupt nicht in meinem Interesse, auch nur daran zu denken, an diesem Jahreskurs teilzunehmen. Und doch war es eindeutig.

Ich muss dazu sagen, dass Gott so normalerweise nicht zu mir spricht. Ich gehöre nicht zu den Menschen, die seine Botschaften eindeutig oder gar akustisch hören. Und ich erlebe es sehr selten, dass Gott mir sagt:»Geh genau diesen Weg!« Normalerweise spricht er eher durch verschlossene Türen zu mir. Tatsächlich bete ich oft so, dass ich Gott bitte, meine Wege zu durchkreuzen, wenn ich in eine verkehrte Richtung unterwegs bin. Und das hat er dann auch tatsächlich oft getan. Andersherum habe ich den Eindruck, dass Gott mich einfach gewähren lässt, wenn es in eine gute Richtung geht.

Manchmal sehe ich bei anderen, wie konkret Gott in ihr Leben spricht, und wünsche mir das auch. Und dann habe ich wieder den Eindruck, dass Gott mich anlächelt und sagt: »Mensch, Junge. Du weißt doch, wie wir beide das machen. Solange du nichts von mir hörst: Mach einfach. Ich melde mich schon, wenn du Mist baust.« Ich finde das grandios so. Vielleicht bin ich einfach ein rebellisches Gotteskind, das mit autoritären Ansagen und einer verordneten Alternativlosig-

keit nicht gut zurechtkäme. Ich brauche echte Entscheidungs-
freiheit und das Gefühl, dass es meine Idee war, welchen Weg
ich gehe. Ich habe immer wieder erlebt, dass Gott sich darauf einlässt, wie ich bin. Und er ist wirklich kreativ, wenn es
darum geht, mir die Wahl zu lassen und am Ende doch sein
Ziel zu erreichen. Gleichzeitig versuche ich, jederzeit offen zu
sein dafür, dass Gott mich scheitern lässt. Und deshalb be-
greife ich mein Scheitern immer auch als etwas Gutes, eine
Wegweisung Gottes.

Diese Art der Kommunikation zwischen Gott und mir war
mittlerweile aber von der Angst so massiv gestört worden,
dass ich mich wie abgeschnitten fühlte. Das Scheitern, das ich
erlebte, war kein Hinweis Gottes mehr, es war wie seine Abwe-
senheit, wie die Hölle. Die Panikattacken, die ständigen hypo-
chondrischen Gedanken und die quälenden Angstzustände
machten es mir unmöglich, Orientierung zu finden. Es gab in
meinem Leben nur noch verschlossene Türen und ich traute
mich gar nicht, sie zu öffnen, um zu schauen, was dahinter ist.
Scheinbar überall warteten nur dunkle Sackgassen auf mich.
    Die Angst machte einen Riesenlärm in meinem Leben.
Sie tobte wie ein dauerhafter Sturm, der mich nicht zur Ruhe
kommen ließ. Sie verfolgte damit einen Zweck: Ich sollte Gottes Stimme nicht mehr hören und auch nicht mehr nach ihr
suchen. Ich sollte so mit meiner Verteidigung beschäftigt sein,
dass ich ja nicht auf die Idee käme, auf Jesus zu schauen. Ich
sollte wie Petrus auf die Wellen starren und untergehen. Die
Angst ist wie ein hässlicher und bösartiger Clown, der die ganze
Zeit eine Show abzieht, um deine ungeteilte Aufmerksamkeit
zu haben. Wenn du nur kurz von ihm wegguckst, schlägt er dir
ins Gesicht. Er ist freundlich, solange er bekommt, was er will.
Wenn nicht, wird's ungemütlich.

In dieser Situation konnte ich nicht hören, wenn Gott mir ins Ohr flüsterte. Es war unmöglich. Es brauchte laute, deutliche und mächtige Worte von ihm.

Die Geschichte des Exodus aus Ägypten beginnt mit Mose, der dem brennenden Dornbusch begegnet, nachzulesen in Exodus 3. Zuvor hatte er sich des Totschlags schuldig gemacht, war geflohen, lebte seit Jahrzehnten im Exil und war weit davon entfernt, Gottes Stimme zu hören. Aber am Dornbusch stellt sich Gott ihm mit Namen vor und schickt ihn los. Er, Mose, soll das Volk befreien, den Exodus anleiten. Völlig undenkbar für einen Mann, der sich bereits darauf eingestellt hatte, als Viehhirte im Exil zu sterben. Mose wehrte sich danach noch lange gegen seine Berufung, aber er ging schließlich los.

Er war objektiv betrachtet übrigens völlig ungeeignet für seine Aufgabe. Er war nicht nur kein guter Redner, er hatte sogar einen Sprachfehler. Er war zwar Hebräer, war aber am ägyptischen Königshof aufgewachsen und hatte deshalb mit seinem Volk und dessen Traditionen und Glauben reichlich wenig zu tun. Und nicht zuletzt hatte er die Leiche eines Ägypters im Keller. Mose war ein gescheiterter und krimineller Heimatloser ohne rhetorische Fähigkeiten. Und so einer soll ein ganzes Volk anführen? Aber Gott wollte genau ihn für diese Aufgabe. Er war perfekt für Gottes Plan.

Mein brennender Dornbusch war die Toilette meiner Eltern. Überhaupt nicht glamourös. Ein bisschen neidisch bin ich auf Mose, weil sein Berufungsort schon irgendwie epischer ist. Das kommt auf Bildern sehr gut. Ich weiß nicht, ob ich so angetan wäre von einem Porträt von mir an meinem Berufungsort. Aber die Toilette meiner Eltern erinnert mich immer wieder daran: So wenig erhaben dieser Ort ist, so wenig geeignet war ich: Ich traute mich kaum einen Fuß vor die Tür zu setzen und sollte 600 Kilometer weit wegziehen? Ich bekam Panikattacken beim bloßen Gedanken daran, vor fremden Leuten im Mittelpunkt zu stehen, und sollte ein Jahr lang mit einer Gruppe zusammenleben, in der ich niemanden kannte? Wenn ich versuchte zu beten, kamen nur wütende Schreie aus mir heraus, und doch sollte ich Bibelschüler werden? Was sollte das für ein Plan sein? Wie sollte das zu mir passen?

Und doch war es eindeutig. Es war so eindeutig, dass ich mich nicht vor dieser Entscheidung drücken konnte. Und es war nicht nur eindeutig. Es war auch das erste Mal seit langem, dass ich ein gutes Gefühl mit etwas hatte. Es fühlte sich ein bisschen an wie Frühling und wie Verliebtsein. Es hatte fast etwas von Glücklichsein. Und das hatte ich lange nicht erlebt. Alles in mir lechzte nach Veränderung, nach einem ganz anderen Leben, als ich es führte. Natürlich wollte ich raus aus diesem Loch! Es war ein attraktiver Gedanke, ein neues Leben anzufangen und dafür weit weg zu gehen, auch wenn mir das alles furchtbare Angst machte. Gott hatte so eindeutig zu mir gesprochen, dass ich mich jetzt entscheiden musste. Diese Entscheidung war nüchtern betrachtet nicht schwer zu fällen. Ich konnte weiterleben wie bisher, was mich früher oder später in den Wahnsinn getrieben hätte. Oder ich konnte Gottes lockendem Ruf folgen und mich auf dieses Abenteuer einlassen.

Einige Tage dachte ich über alles nach. Ich informierte mich nochmal genauer über diese Bibelschule. Das war ernüchternd, weil der nächste Jahreskurs in nur zwei Wochen begann und ich so schnell nicht alles kündigen und beenden wollte und konnte. Außerdem hatte ich gar nicht das Geld, die monatlichen Beiträge für die Bibelschule zu zahlen, und musste erst mal darauf sparen. Aber das bedeutete auch, dass ich noch ein ganzes Jahr warten musste. Konnte ich das ertragen? Würde ich bis dahin nicht völlig am Ende sein?

Indes fühlte es sich für mich richtig an, Gottes Ruf zu folgen, aber gleichzeitig nichts zu überstürzen. Die Angst war noch da, wenn sie auch in dieser Zeit etwas gebändigt war. Alles, was ich sah, hörte und erlebte, bestätigte Gottes Ruf. So richtig vorstellen konnte ich mir das alles noch nicht und ja, es machte mir Angst. Aber es war, als ob Gott alles um mich herum bis ins Detail orchestriert hätte. Meine ganze Umwelt, alle Leute in meiner Umgebung, jeder Gottesdienst, alles, was ich las, jedes Lied, das ich hörte, sogar Werbeplakate in der Stadt, einfach alles rief mir zu: Tu es!

Und so ging ich zu meinen Eltern, um ihnen zu erzählen, dass ich mein Studium abbrechen und wegziehen würde. Ich hatte erwartet, dass sie schockiert wären darüber. Aber irgendwie nahmen sie es hin, als ob sie sich schon so etwas gedacht hätten. Ich weiß noch genau, wie mein Vater mich relativ nüchtern fragte, ob ich denn »nur« die Bibelschule machen oder nicht gleich Theologie studieren wolle. Ich war perplex! »Ich will doch kein Pastor werden, wo denkst du hin!« Nein, das wollte ich wirklich nicht. Bibelschule zur Orientierung? Ja. Aus der Heimat weggehen? Okay. Risiken eingehen, wenn Gott das so will? Ja, klar! Pastor werden? Auf keinen Fall! Niemals! Aber Gott hatte seine Pläne. Und offenbar ahnte mein Vater mehr davon als ich. Ich brauchte noch sehr viel Zeit, um für so eine verrückte Idee offen zu sein.

Jetzt musste ich mir erst mal gut überlegen, was ich eigentlich mit einem ganzen Jahr bis zum Beginn meiner Bibelschulzeit anfangen wollte. Mein Studium hatte ich innerlich längst abgebrochen, was sollte ich da noch? Ich fragte meinen Chef, ob ich mehr Stunden arbeiten könne, weil ich Geld zurücklegen musste. Er machte mir einen Gegenvorschlag: Statt auf 20

Stunden in der Woche zu erhöhen, bot er mir eine Vollzeitstelle an. Mit dem Gehalt hätte ich mir die Bibelschule locker leisten können und hätte dazu noch einen sehr entspannten Geldbeutel, bis es soweit war. Aber ich zögerte. Ich wollte einfach nicht, dass dieses Jahr nur mit Arbeit gefüllt war. Ich wollte Zeit haben, herauszufinden, was Gott mir sagen will. Ich wollte mich nach langer Zeit wieder in der Gemeinde einbringen. Ich wollte nicht auf »Pause« drücken, sondern jetzt etwas bewegen. Ich war Feuer und Flamme und wollte Veränderung erleben. Von morgens bis abends in der Firma zu hocken, einem dieser Panikorte, nur um dann ein Jahr später vielleicht etwas mit Gott zu erleben, das wollte ich nicht.

Ich rechnete mir aus, ob ich auch mit einer halben Stelle genug verdienen würde, um so viel zur Seite zu legen, dass das mit der Bibelschule klappte. Aber mir fehlten in dieser Rechnung tausend Euro. Das war damals unerreichbar viel Geld für mich. Das waren mehr als vier Monatsmieten! Also betete ich zu Gott und sagte ihm: »Wenn du willst, dass ich die Zeit habe, mich für dein Reich einzusetzen und nicht einfach nur zu arbeiten in diesem Jahr, dann brauch' ich tausend Euro von dir.«

Ein paar Wochen später hatte ich dieses Gebet schon fast vergessen, da geschah das Wunder: Ich holte vor der Arbeit einen Kontoauszug von der Sparkasse und entdeckte zu meiner Überraschung eine Überweisung von genau 1178 Euro vom BAFöG-Amt. Ich bekam seit Studienbeginn eine monatliche BAFöG-Förderung, die belief sich aber auf 214 Euro. Wie um alles in der Welt war denn jetzt dieser Betrag zustande gekommen? Ich dachte gar nicht an mein Gebet, ich dachte nur, dass da ein Fehler passiert sein musste. Nach der Arbeit fand ich in meinem Briefkasten dann einen Brief vom Amt. Darin stand, dass bei der Berechnung meiner monatlichen Förderung ein Fehler passiert war. Man hatte vergessen, meinen Bruder mit in die finanziellen Verhältnisse meiner Eltern einzurechnen. Diesen Fehler hatte man nun von sich aus entdeckt und korrigiert, weshalb mir eine Nachzahlung über das erste Förderjahr zustand. Eine Nachzahlung von 964 Euro. Es war also kein Fehler, sondern tatsächlich mein Geld! Und dieses Geld war Gottes Antwort auf mein Gebet. Gott hatte ein Gebet von mir erhört.

Ich hatte konkret und eindeutig gebetet und er hatte darauf konkret und eindeutig geantwortet. Was er mir damit sagen wollte, begriff ich auch, ohne ihn akustisch zu hören: »Eine halbe Stelle für die Arbeit. Und eine halbe Stelle für mich, mein Kind.« Das eigentliche Geschenk Gottes waren aber nicht die 964 Euro, es war viel größer und bedeutender: Er ließ das Vertrauen in mir wachsen, dass es wahr ist, dass dem, der sich vor allem anderen für das Reich Gottes einsetzt, alle anderen Dinge zufliegen. Auch mal tausend Euro. Und ich lernte, Gott öfter mal sehr konkret und mutig um das zu bitten, was ich brauche. Es ist riskant, so zu beten, weil sich eine ausbleibende Antwort nicht wegdiskutieren lässt. Umgekehrt werden Gebetserhörungen so viel sichtbarer. Ich hatte um einen ganz bestimmten Betrag gebeten und habe fast genau diesen Betrag bekommen. Keine Frage, dass Gott das war. Je unkonkreter meine Bitte gewesen wäre, umso weniger sicherer wäre ich mir gewesen, dass Gott ein Wunder getan hat. Das war eine wirklich wichtige Lektion für mich. Bis heute mache ich mit dieser Art des Gebets sehr gute Erfahrungen.

Mein Vertrauen wuchs und drängte die Angst in die Defensive. Es kam mir vor, als ob Gott das Biest fesseln und zu Boden drücken würde, während ich endlich wieder Licht sah. Ich arbeitete jetzt begeistert in der Jugendgruppe meiner Gemeinde mit. Wir planten eine große Evangelisation in einem Einkaufszentrum. Wir etablierten einen Jugendgottesdienst mit anderen Jugendgruppen der Stadt. Die Arbeitstage vergingen wie im Flug, obwohl ich teilweise wochenlang nur das Lager aufräumte. Ich fühlte mich fitter als je zuvor. Die Panikattacken überfielen mich nach wie vor, aber nicht mehr so häufig wie zuletzt und sie warfen mich auch nicht so stark aus der Bahn. Es war auch gar nicht so, dass plötzlich alles besser war, aber ich merkte, wie sich alles in eine gute Richtung entwickelte. Allein, dass ich diese Entscheidung für Gottes Ruf und gegen meine Angst getroffen hatte, beflügelte mich und half mir, die Panik einigermaßen durchzustehen, wenn sie kam.

In dieser Zeit bekamen wir in der Gemeinde Besuch von einer amerikanischen Jugendgruppe aus Alabama, die mit uns eine Missionswoche in der Stadt machen wollte. Für unsere Jugendgruppe und für mich war das schon eine – wie soll ich sagen? – spezielle Erfahrung. Es waren richtig typische Vorort-Kids aus den Südstaaten. Es war faszinierend und seltsam zugleich. Aber was mich wirklich beeindruckte: Diese jungen Menschen waren bis in die Haarspitzen motiviert, was ihren Glauben anging.

An einem Vormittag meinte der Pastor dieser Gruppe, dass wir heute die Apostelgeschichte lesen. Wir Deutschen guckten uns gegenseitig gelangweilt an und dachten zuerst, es ginge um ein Kapitel aus der Apostelgeschichte. Und dann dachten wir, es wäre ein Scherz. Aber diese Jugendlichen lasen die ganze Apostelgeschichte durch. In ein paar Stunden. Sie saßen da auf dem Boden und waren so vertieft in ihre Bibeln, als wären diese uralten Texte das Spannendste, was Teenies lesen könnten. Wir waren irritiert, weil uns das Lesen von mehr als zwei Versen in der Regel schon tierisch schwerfiel und langweilte.

Später am Tag ging es dann in den Stadtpark, um Menschen von Jesus zu erzählen. Ohne jede Hemmung gingen die amerikanischen Jugendlichen auf Leute zu und erzählten ihnen davon, wie großartig Jesus ist. Wir wussten gar nicht, wie man so ein Gespräch überhaupt anfängt. In Zweierteams – immer ein Amerikaner und ein Deutscher – gingen wir zu den Leuten, die auf ihren Decken in der Sonne saßen, und quatschten sie an. Besser gesagt: Die Amerikaner quatschten an, wir standen ein paar Meter daneben und waren halb beeindruckt, halb peinlich berührt. Meine Angst pochte in meinem Kopf. Einfach so wildfremde Leute anzusprechen, sie zu stören bei ihrem Parkbesuch und ihnen von Jesus zu erzählen, das war meiner Angst zu viel! Sie warf alles in die Waagschale: Ich schämte mich, ich bildete mir ein, plötzlich krank zu werden, ich weigerte mich, ich bekam Panik und ich lief weg aus dieser Situation.

Später kam der amerikanische Pastor zu mir und fragte mich, ob ich schon mal erwogen hätte, Pastor zu werden. Ich konnte nicht glauben, was ich da hörte.

Es war doch eindeutig, dass die Angst gerade größer in meinem Leben war als Gott! Nicht nur hatte ich schon im zweiten Kapitel aufgegeben, die Apostelgeschichte zu lesen. Ich hatte mich auch geweigert, Menschen von Jesus zu erzählen, weil mir das viel zu peinlich war. Es war doch so was von eindeutig, dass ich nicht dazu geeignet war, Pastor zu werden. Ich antwortete vorsichtig, dass ich nächstes Jahr zur Bibelschule gehen würde. Der Pastor war begeistert. Er freute sich scheinbar mehr darüber als ich. Er strahlte, als hätte er gerade den Superbowl gewonnen. Gleichzeitig konnte ich in seinen Gesichtszügen aber auch so eine wissende Gelassenheit wahrnehmen, als ob er schon vor unserem Gespräch längst Bescheid gewusst hätte.

Und dann sagte er: »Ich will, dass du morgen im Stadtpark predigst.« Wie bitte? War dieser Mann komplett verrückt geworden? Im Leben nicht! Niemals würde ich predigen, schon gar nicht an einem sonnigen Tag mitten im überfüllten Stadtpark. Und was sollte ich bitte predigen? Wie sollte ich die erste Predigt meines Lebens an nur einem Tag vorbereiten? Ich lehnte dankend ab. Aber er ließ einfach nicht locker.

Und ich musste daran denken, wie Gott mich aus der Angst gerufen hatte. Wie er mir eine neue Hoffnung gegeben hatte. Und wie er mir sogar tausend Euro überwiesen hatte, damit ich Zeit haben würde, mich um sein Reich zu kümmern. Ich merkte, dass auch Gott ganz gespannt darauf war, mich im Stadtpark predigen zu sehen. Für mich war das nicht einfach nur ein Sprung ins kalte Wasser, das war schon ein sibirisches Eisbad mit Drei-Meter-Wellen. Aber Gott trieb mich an, es mich zu trauen.

Und so sagte ich zu. Frag mich nicht, wie ich das hinbekommen habe, ich weiß es wirklich nicht mehr. Jedenfalls stand ich einen Tag später mit zittrigen Knien und dem Schweißausbruch meines Lebens im Park vor lauter Leuten, die ich nicht kannte, und hielt eine Andacht über Zachäus, den Jesus vom Baum geholt hatte, um mit ihm zu essen. Ich redete von einem Mann, der nicht glauben konnte, dass Jesus etwas mit ihm zu tun haben will. Aber Jesus wollte! Ich erzählte von einem Mann, der eine positive Veränderung in seinem Leben nicht für möglich hielt. Aber Jesus kümmerte sich und wollte unbedingt Zeit mit ihm verbringen, auch wenn er ein fürchterlicher Mensch war. Jesus zeigte seine unfassbare Gnade und Liebe an einem echten menschlichen Versager.

Ich predigte an diesem Tag über Zachäus. Aber eigentlich predigte ich über mich. Und wieder lernte ich eine wichtige Lektion: Genau wie Petrus hatte ich Jesus von mir weggestoßen, weil ich glaubte, dass ich zu schlecht sei. Es war Jesus, der mich durch diesen amerikanischen Pastor, den ich danach nie wieder gesehen habe, dazu aufforderte, keine Angst zu haben und meine Berufung zu finden.

Was ich damals noch nicht wusste: An diesem Tag im Stadtpark habe ich zum ersten Mal in meinem Leben meine Berufung gelebt. Und das war nur möglich, weil Jesus mir half, gegen meine Angst und Scham nach vorn zu treten und zu tun, was ich niemals für möglich gehalten hatte. Wie schon bei Petrus, der vom Fischefischer zum Menschenfischer wurde, war Berufung die Antwort Gottes auch auf meine Angst.

Es war eine sehr intensive Zeit für mich. Mein Vertrauen auf Gott wurde stärker und stärker und ich erlebte, was passieren kann, wenn ich auf das höre, was er mir zu sagen hat. So musste sich auch Mose gefühlt haben, nachdem er dem großen Pharao ins Gesicht gesehen und ihm die freche Ansage gemacht hatte: »Lass mein Volk ziehen!« So musste es sich angefühlt haben, zu sehen, wie Gott die Ägypter in die Knie zwingt und die Befreiung zum Greifen nahe war. Es muss genau dieses Gefühl gewesen sein, das die Israeliten hatten, als sie ihre Koffer packten und die Esel sattelten, weil das Unmögliche plötzlich möglich war. Sie ahnten vor Begeisterung nicht, dass die Ägypter ihnen noch richtig Ärger machen würden.

Seit meinem Studienabbruch und der Entscheidung, nach Elstal auf die Bibelschule zu gehen, saß auch ich innerlich auf gepackten Koffern. Ich fühlte mich bereit für die Reise in ein neues Leben. Aber die Angst hielt an mir fest. Sie war auf dem Rückzug, aber sie hatte mich noch lange nicht aufgegeben. Ihr Klammergriff war deutlich spürbar, auch in den schönsten Momenten dieser Zeit. Und immer wieder kamen Panikattacken, die mich an ihre Herrschaft in meinem Leben

erinnerten. Was ich damals noch nicht wusste: Jesus hatte
den eisernen Plan, diese Herrschaft der Angst zu brechen
und mich zu befreien, noch bevor ich meine Reise antreten
würde. Er plante meinen Durchzug durch das Schilfmeer. Ein
Erlebnis, bei dem die Armee der Angst hinter meinem Rücken
ersaufen sollte. Gott machte seine Engelsheere bereit für den
Kampf um mein Leben. Er mobilisierte die Mächte seines
Reiches, um mir beizustehen. Aber auch die Angst sammelte
ihre Kräfte und lauerte darauf, mich von meinem neuen Weg
abzubringen.

Als unser Pastor damals vorschlug, dass wir als Jugendgruppe gemeinsam auf die Jugendkonferenz von Willow
Creek nach Karlsruhe fahren könnten und wir uns daraufhin
alle dazu anmeldeten, wusste ich noch nicht, dass dies der Ort
der zentralen Schlacht zwischen Gott und meiner Angst werden würde: mein Schilfmeer.

DIE TEILUNG MEINES SCHILFMEERES

Als die Israeliten am Schilfmeer standen, war das nicht der Beginn ihrer Reise in das gelobte Land. Nach einer sehr langen Zeit der Sklaverei hatten sie sich zuvor dazu entschieden, der Berufung Gottes in die Freiheit zu folgen, aufzubrechen und sich der Unterdrückung der Ägypter zu entziehen. Daraufhin hatten sie mit eigenen Augen gesehen, wie Gott große Wunder tat, um sie zu befreien. Sie hatten ihre Sklavenhäuser verlassen und waren die ersten Schritte Richtung Freiheit gegangen. Damit hatten sie sich bereits mit dem Unterdrücker angelegt und seiner Herrschaft eine Absage erteilt.

Aber noch waren sie in Ägypten, noch trennte sie ein Meer von der Freiheit auf der anderen Seite. Aus zwei Gründen ist das Schilfmeer der zentrale Ort des Exodus: Erstens war das Volk auf dieser Seite des Schilfmeeres noch akut bedroht von der Machtausübung der Ägypter. Das furchteinflößende ägyptische Militär rückte von hinten an sie heran und hatte die Macht, die Israeliten wieder in die Sklaverei zurückzuholen. Zweitens musste das Volk am Schilfmeer eine Entscheidung treffen, die nicht mehr rückgängig zu machen war. Als das Meer sich teilte, war allen klar, dass das eine Einbahnstraße ist. Eine Rückkehr zu einem Leben in der trügerischen Sicherheit Ägyptens war auf dieser Seite des Meeres noch möglich, nach der Durchquerung aber nicht mehr. Und niemand wusste, wie die Zukunft auf der anderen Seite aussehen würde. Am Ende sollte sie aus 40 Jahren Wüstenwanderung bestehen. Es war also nicht gerade das Schlaraffenland, das am gegenüberliegenden Ufer auf die Neuankömmlinge wartete, um sie mit Milch und Honig zu überschütten. Diese Ungewissheit macht einem die Entscheidung sehr schwer, lieber ein satter Sklave zu bleiben oder womöglich in Freiheit zu verdursten. Diese schwierige Entscheidung verlangt das Schilfmeer allen ab, die an seinem Ufer stehen.

Rückblickend weiß ich, dass genau das meine Situation war, als wir im Frühjahr 2004 nach Karlsruhe zum Willow-Creek-Jugendkongress fuhren. Ein gutes halbes Jahr war vergangen, seit Gott sich in mein Leben eingemischt und mich aus der Angst herausgerufen hatte. Ich war meine ersten zaghaften Schritte in Richtung meiner Berufung gegangen. Ich hatte erlebt, wie Gott mich versorgt und Wunder tut. Und dass es sich lohnt, sein Reich in den Mittelpunkt zu stellen und dafür auch über meinen Schatten zu springen. Und doch war ich noch im Land der Angst unterwegs. Sie jagte mir ihre Truppen hinterher und wollte mich zurückholen. Sie saß mir im Nacken und hätte jederzeit zubeißen können, um mich in mein Sklavenhaus zurückzuzerren. Vor mir lag eine scheinbar unüberwindbare Grenze, auf der anderen Seite der Weg in die Freiheit. Mir war nicht bewusst, dass jetzt die Zeit für eine Entscheidung gekommen war. Zeit für ein geteiltes Meer. Zeit für den Sieg Gottes über die Angst. Zeit für eine echte Grenzüberschreitung.

Ich kann mich kaum noch an irgendwelche Inhalte dieser Konferenz erinnern. Ich weiß nur noch, dass es gut war. Ich fühlte mich in meinem Glauben motiviert und herausgefordert, was ja auch Sinn und Zweck solcher Veranstaltungen ist. Gegen Ende der Konferenz feierten wir dann einen Gottesdienst, in dem es zum Schluss einen ausgedehnten Segnungsteil gab. Dazu hatten die Veranstalter auf der Bühne mehrere

Bilder nebeneinander auf Staffeleien gestellt. Diese Bilder zeigten segnende Hände in verschiedenen Haltungen. Wir Teilnehmer wurden eingeladen, uns zu diesen Bildern segnen zu lassen. Falls uns eins dieser Bilder besonders ansprach, sollten wir aufstehen, sobald es aufgerufen wird. Unsere Sitznachbarn sollten dann ebenfalls aufstehen und uns die Hände auflegen. Anschließend wurde von vorne ein Segen gesprochen.

Weder kann ich mich allzu genau an die Bilder erinnern, noch daran, wie der Segen lautete, der dazu ausgesprochen wurde. Alles, was ich weiß: Eins dieser Bilder traf mich mitten ins Herz. Ich wusste sofort und zweifelsfrei, dass ich mich zu diesem Bild segnen lassen wollte. Ich war mir sicher: Ich brauche und ich will diesen Segen! Es dauerte ein bisschen, bis mein Bild dran war.

In dieser Wartezeit, während sich um mich herum Menschen reihenweise segnen ließen, kroch in mir die Angst aus ihrem Versteck. Ich merkte, wie sie mir näher rückte, wie sie versuchte, mich zu packen. Langsam schlich sie an mich heran und schnürte mir mehr und mehr die Luft ab. Als dann endlich mein Bild aufgerufen wurde, bekam ich eine so heftige Panikattacke, wie ich sie seit Monaten nicht erlebt hatte. Meine Organe zogen sich zusammen, als stünden sie unter Strom. Ich fing an zu zittern und brach in Schweiß aus. Mein Herz raste, meine Adern fühlten sich an, als würden sie platzen. Es war wie ein Rückfall in die schlimmsten Zeiten. Die Angst raunte mir erneut ihre alte Drohung ins Ohr, dass ich jetzt gleich tot umfallen würde. Sie wollte mich dazu zwingen, mich der Situation zu entziehen.

Ich war kurz davor, aus der Halle zu rennen. Irgendwohin. Auf die Toilette, an die frische Luft, egal wohin. Nur weg! Ein Fishermen's einwerfen. Ruhig atmen. Meinen Puls fühlen. Allein sein. Hoffen, dass alles schnell vorbei ist. Irgendwie durch diese Panik kommen. Leise, gekrümmt, ungesegnet. Das wirklich Allerletzte, was ich in einer Panikattacke jemals getan hätte, wäre aufzustehen, die Augen zu schließen, mich von Fremden berühren zu lassen und still stehenzubleiben.

In jeder einzelnen meiner Hunderten oder gar Tausenden Panikattacken der letzten Jahre hatte ich das getan, was mir die Angst befiehlt. Ich hatte haargenau ihre Anweisungen befolgt, in der Hoffnung, dass sie lockerlässt und ihren Würgegriff etwas löst. Wenn ich mich genug gedemütigt hatte, ließ sie mich wieder in Frieden. Fürs Erste. Diesmal war das anders. Denn ich wollte unbedingt diesen Segen haben. Ich wollte diese Halle nicht verlassen, ohne dass Gott mich mit diesem Segen segnet. Es ging mir wie Jakob, als er sich eines nachts übel mit einem Mann prügelt, in dem er schließlich Gott erkennt (Genesis 32,23–32). Jakob muss in diesem Kampf richtig einstecken und es bleibt ihm danach lebenslang ein Hüftschaden als Erinnerung an diese Nacht. Obwohl er eindeutig unterlegen ist, gibt er den Kampf nicht auf. Er klammert sich verzweifelt an dem fremden Mann fest und fordert von ihm einen Segen, bevor er loslässt. Dieser Segen war Jakob ganz offensichtlich wichtiger als seine Gesundheit und sein Leben. Seine Schmerzen und sogar eine lebenslange Behinderung waren ihm egal, denn im Vergleich zu diesem Segen war das alles zu vernachlässigen. In dieser Nacht bekam Jakob nicht nur den erkämpften Segen, sondern auch einen neuen Namen: Israel. Der Name, den bis heute das ganze Volk seiner Nachkommen trägt, bedeutet: Gott kämpft. Der Ringkampf zwischen Gott und Jakob findet übrigens an einem Grenzfluss statt, den Jakob überqueren muss. Zufall? Ich denke nicht.

An jenem Tag im Mai 2004 stand ich am Wasser und kämpfte Jakobs Kampf. Ich kämpfte mit der Panik, mit der Angst, die mich ergriffen hatte. Gleichzeitig war es wie ein Ringkampf mit Gott um seinen Segen. Ich traf in diesem Kampf die Entscheidung, die vor ewigen Zeiten auch Jakob getroffen hatte: Dieser Segen war mir wichtiger als mein Leben. Das klingt pathetisch und es klingt auch etwas verrückt, war aber mein bitterer Ernst. Ich war in diesem Moment bereit, für diesen Segen zu sterben. Ich war erst 22 Jahre alt, aber wenn mein Leben an diesem Tag geendet hätte, wäre ich einverstanden gewesen. Hauptsache, ich empfange diesen Segen.

Und so tat ich das scheinbar Unmögliche: Mitten in der Panikattacke stand ich auf, schloss die Augen, ließ mir die Hände auflegen und mich segnen. In der Sekunde, in der dieser Segen begann, war die Panikattacke weg. Sie war einfach verschwunden. Das erste Mal seit meinem Erlebnis als Elfjähriger mit der Lutherbibel hatte die Panik nicht gewonnen. Zum ersten Mal war die Angst unverrichteter Dinge von mir gewichen und konnte mich nicht knechten. Das Schilfmeer teilte sich vor mir. Durch den Segen, den ich empfing, führte Gott mich trockenen Fußes durch das Meer. Und mit dem »Amen« am Ende dieses Segens stürzten hinter mir die Fluten zusammen und die Armeen der Angst ertranken vor meinen Augen. Mein Exodus war besiegelt. Es gab kein Zurück mehr.

In den wenigen Minuten, die diese Segnungszeit dauerte, lernte ich gleich mehrere meiner wichtigsten Lektionen über die Angst. Ich lernte, dass die Angst nicht chaotisch und willkürlich agiert, auch wenn es immer so wirkte. Sie hatte es auf Gottes Segen in meinem Leben abgesehen. Sie arbeitete gezielt und mit beinahe chirurgischer Präzision an einem ausgefeilten Plan. Sie war nicht zufällig in mein Leben gekommen, sondern mit dem klaren Ziel, mich von Gott zu trennen.

Was aber viel wichtiger ist: Ich lernte, dass die Angst keine Macht hat. Alles, was sie androht, ist nichts als eine riesige Illusion. Niemand weiß besser als ich, dass diese Illusion eine tiefgreifende Wirkung hat. Aber ich weiß auch, dass sie zu Staub zerfällt, wenn ich der Angst in die Augen schaue und sie auffordere, die Karten auf den Tisch zu legen. Erst dann wird deutlich, welch kümmerlicher Wurm sie in Wahrheit ist. Sie ist zu nichts fähig, als zu lügen. Ich muss ihr lassen, dass sie das sehr erfolgreich tut. Aber wer einmal erkannt hat, wie lächerlich sie in Wahrheit ist, hat den wichtigsten Schritt getan, sie zu überwinden.

Seit diesem Tag, seit diesem Segen, lebe ich auf der anderen Seite des Schilfmeeres. Hier drüben ist nicht automatisch alles gut. Ich kann leider nicht behaupten, dass die Angst jeden Einfluss auf mich verloren hat. Bis heute und vermutlich bis ans Ende meines irdischen Lebens taucht immer wieder die Panik in meinem Leben auf. Und die Angst erhebt immer wieder ihren Anspruch auf mich. Aber sie kommt nicht mehr damit durch. Sie kann mich hier und da noch einschüchtern, aber sie kann mir keine Befehle mehr erteilen. Im Gegenteil: Sie nimmt sie von mir entgegen.

Vor einiger Zeit predigte ich in einem Gottesdienst meiner Gemeinde. Mitten in der Predigt kam wie aus dem Nichts eine Panikattacke. Mir wurde schwindelig, ich krallte mich an der Kanzel fest und sah für einen kurzen Moment alles verschwommen. Mein Herz raste, mein Atem schien auszusetzen. Es war die erste Panik seit langer Zeit und sie kam wirklich überraschend. Kurz schien sie mich tatsächlich außer Gefecht setzen zu können. Ich brauchte einen Moment, um zu realisieren, was vor sich ging. Dass mich diese Panik nicht zufällig gerade jetzt überfiel. Und so machte ich meinen Rücken gerade und sagte innerlich zur Angst: »Verpiss dich, ich habe hier gerade zu predigen.« Entschuldige die Wortwahl – und das auch noch auf der Kanzel – aber die Angst ist mein Feind und da achte ich nicht allzu sehr auf Etikette.

Ich sprach diese Worte und die Angst verließ mich augenblicklich. Ich konnte weiterpredigen, als wäre nichts gewesen. Auf dem Nachhauseweg nach dem Gottesdienst sprach ich meine Frau auf dieses Ereignis an. Aber sie wusste gar nicht, wovon ich rede. Der Mensch, der mich von allen Menschen am besten kennt, hatte diese Panikattacke nicht bemerkt? Offenbar hatte aber auch niemand sonst im Raum irgendeine Störung wahrgenommen. Zuhause hörte ich mir die Aufzeichnung meiner Predigt an. Ich fand die Stelle, an der es passiert war. Ich merkte an meiner Stimme, was in mir los war in diesem Moment. Aber in der Tat wirkte meine Predigt überhaupt nicht unterbrochen. All das hatte in einer solchen Sekundenschnelle stattgefunden, dass man es als Außenstehender gar nicht mitkriegen konnte.

Ich bin Gott so dankbar für mein Schilfmeer. Denn ohne dieses Erlebnis damals hätte ich niemals so reagieren können. Es war nicht mein Heldenmut, sondern Gott selbst, der die Angst so gründlich verjagt hatte, dass außer einem kurzen Zittern meiner Stimme nichts von ihr übrigblieb.

An meinem Schilfmeer habe ich nicht nur Lektionen über die Angst gelernt, sondern vor allem über Gott. Denn an diesem Tag habe ich zum ersten Mal verstanden, was es bedeutet, das erste Gebot zu halten. Wie Jesus in der Bergpredigt schon deutlich gemacht hat, entstammt das erste Gebot nicht dem Narzissmus eines eitlen Gottes, der eifersüchtig auf Nebenbuhler ist. Und darum bedeutet das Halten des ersten Gebots auch nicht, einen Kniefall vor einem despotischen Gott zu machen. Sondern es bedeutet, den Kniefall vor der despotischen Angst zu verweigern und ihr ins Gesicht zu sagen, dass meine Verneigung allein Gott vorbehalten ist. Und dass es ihm allein zusteht, mir Befehle zu erteilen. Als ich mitten im Sturm meiner Panik aufstand, um Gottes Segen zu empfangen, tat ich genau das: Indem ich mich Gott mit Haut und Haaren auslieferte, einschließlich der Bereitschaft, mein Leben zu opfern, lieferte ich mich endlich nicht mehr der Angst aus. Und Gott zeigte sofort und unverzüglich, dass ich auf den richtigen Herrn gesetzt hatte. Er entwaffnete die Angst und wies sie so mächtig in ihre Schranken, dass ich bis heute und mein ganzes Leben lang davon profitiere. Dass ich mir herausnehme, der Angst dreiste Befehle zu erteilen, ist nur möglich, weil ich dabei Gott auf meiner Seite weiß. Gott muss nur ein Wort sagen, um unsere Seelen zu heilen. An meinem Schilfmeer habe ich das selbst erlebt. Gott war es, der für mich gekämpft hat. Nicht ich habe gezeigt, was ich kann, sondern er. Nicht ich habe die Angst besiegt, sondern er.

So wie Jakob nach seinem Ringkampf am Grenzfluss lebenslang humpelte, so bin auch ich mein Leben lang nicht ganz frei von der Angst. Sie hat ihre Spuren hinterlassen und sie versucht gern und immer wieder, an alte Erfolge anzuknüpfen. Und manchmal schafft sie das besser, als ich es mir eingestehen will. Aber so wie Jakob den Grenzfluss mit dem Segen Gottes überquerte, so spüre ich den Segen von meinem Schilfmeer-Erlebnis bis heute. Und der Name, den Jakob als Ausdruck dieses Segens verliehen bekam, ist die Wahrheit, die auch über meinem Leben steht und an die ich mich immer erinnern werde, solange ich lebe: Gott kämpft für mich!

ERSTE SCHRITTE AUF NEUEM LAND

Nach dem Aufbruch aus Ägypten und dem Befreiungs-
schlag am Schilfmeer muss das Volk der Israeliten die
Wüste durchqueren. Aus Sklaven, die in der Sicherheit und Versorgung ihrer Unterdrücker in Ägypten aufgewachsen waren, ist nun ein freies Volk geworden, das erst neu
lernen muss, Sicherheit und Versorgung bei Gott zu suchen
und zu finden.

Nur: Sicherheit und Versorgung funktionieren bei Gott
komplett anders als bei den Ägyptern. In Ägypten musste das
Volk seine Arbeitskraft und seine Loyalität gegenüber den Un-
terdrückern als Leistung erbringen, damit es sicher und versorgt war.

Das hat sich mit der Zeit als Schema in den Köpfen und
Herzen der Menschen eingeprägt. Da ist es nicht leicht, sich
von jetzt auf gleich auf göttliche Wunder zu verlassen, die er
aus purer Liebe und Gnade geschehen lässt.

Bis heute setzt sich in den Herzen vieler religiöser Menschen die Sklaverei Ägyptens fort, wenn wir denken, dass Gott
als Bedingung für seine Zuwendung unsere Arbeitskraft und
Loyalität will und dass er uns bestraft, wenn wir ihm eins von
beidem schuldig bleiben. Auf der Etappe nach dem Schilfmeer
beginnt Gott mit dem Mammutprojekt, die Herzen und Köpfe
seiner Kinder zu verändern. Gott lässt Brot vom Himmel reg-
nen, Wasser aus einem Felsen mitten in der Wüste sprudeln
und zeigt den Israeliten im Kampf gegen ihre Angstfeinde, die
Amalekiter, dass nicht militärische Macht, sondern allein das
ausdauernde Gebet den Sieg bringt.

Dabei handelt es sich um diese bekannte Geschichte, in der Mose während der Schlacht die Arme zum Gebet erhebt und das Volk immer nur solange überlegen ist, wie er sie erhoben hält. Um die Schlacht zu gewinnen, müssen Aaron und Hur schließlich seine ermüdeten Arme stützen. Ein schönes Bild für die Macht des Gebetes – besonders, wenn es sich um gemeinsames Gebet handelt, in dem wir uns gegenseitig stützen. Das Volk lernt: Hier draußen in der Wüste geht es nicht darum, hart und stark zu sein und sich selbst zu versorgen, selbst für Sicherheit zu sorgen. Jenseits des Schilfmeeres kommt es auf all das nicht an, sondern allein darauf, in ständiger Verbindung mit Gott zu bleiben und nur ihm zu vertrauen.

Die Israeliten lernen in dieser Zeit viel über Gott, doch all diese Erlebnisse und Wunder reichen offenbar nicht aus. Sie fangen an, lieber eigene Strukturen und Hierarchien aufzubauen, anstatt darauf zu vertrauen, dass Gott es richtet. Sobald eine bedrohliche Situation eintritt, fällt es ihnen schwer zu glauben, dass Gott die Lösung ist. Sie begehren auf und wollen zurück nach Ägypten. Immer wieder fallen sie zurück in ihr erlerntes Misstrauen gegenüber jeder Obrigkeit. Das bekommt ihr menschlicher Anführer Mose zu spüren, der deshalb beinahe ausbrennt. Und Gott bekommt es natürlich auch zu spüren. Als das Volk weiterwandert und in der Wüste Sinai an einen Berg kommt, bietet Gott seinem Volk schließlich einen Bund an.

Dieser Bund wurde und wird bis heute immer wieder falsch verstanden als ein Vertrag, der Leistung und Gegenleistung definiert: Gott nimmt Israel als sein erwähltes Volk an, im Gegenzug hält sich das Volk an die Gebote. Das ist ein Missverständnis. So ist dieser Bund nicht gemeint. Es ist vielmehr so: Gott sichert den Israeliten zu, dass er sie als sein Volk beschützen und niemals alleine lassen wird. Und damit das funktioniert, gibt er ihnen die Gebote, mit denen er ihnen zeigt, wie das Leben in der Freiheit von Sklaverei funktioniert. Die Zehn Gebote und das gesamte Gesetzeswerk des Alten Testaments sind keine willkürlichen Anordnungen Gottes, an die man sich zu halten hat, weil es nun mal so ist. Gott hat das gesagt, basta! Exakt so betrachten wir Christen diese Gebote heute in aller Regel: wie ein viel zu enges Korsett, von dem Jesus uns glücklicherweise befreit. Der ursprüngliche Zweck der Gebote war es aber überhaupt nicht, uns einzuengen und ein starres religiöses System einzurichten, sondern eine Alternative zu Sklaverei und Unterdrückung zu eröffnen, die auch im neuen Alltag jenseits des Schilfmeeres funktioniert.

Alle Gebote dieses Bundes mit Gott sind Leitplanken der Freiheit für ein verunsichertes Volk, das Ewigkeiten nicht auf eigenen Beinen gestanden hatte. Über die Jahrhunderte wurden die Gebote durch eine strenge bis fanatische Auslegung und ihre rücksichtslose, herzlose, buchstabengetreue Durchsetzung zu einer Last. Von dieser falschen Auslegung der Gebote befreit uns Jesus, nicht von den Geboten selbst. Und das sagt er in der Bergpredigt auch mehr als deutlich (siehe Matthäus 5,17–20). Die Gebote wurden mit der Zeit missbraucht, aber damals am Sinai boten sie dem Volk eine echte Perspektive an, wie es im neuen Leben weitergehen kann. Kurz gesagt: Nach der Befreiung gibt Gott seinen Kindern Werkzeuge und Orientierung für ihr neues Leben in der Freiheit. Und er verspricht ihnen, bei ihnen zu bleiben. Und zwar für immer.

Auch mit mir ist Gott diese Etappe gegangen. Nach meinem Schilfmeer-Erlebnis stand ich vor meinem neuen Leben. Aber ich kannte nur die Herrschaft der Angst und wusste deshalb nicht, wie ich dieses neue Leben in Freiheit führen soll. Ich war motiviert, ich war überzeugt, ich war hoffnungsvoll. Aber ich war auch ahnungslos. Ich hatte Gottes Gnade selbst erlebt, aber ich hatte sie noch nicht im Herzen verstanden, zumindest noch nicht gut genug, um wirklich mit ihr und durch sie zu leben. Ich hatte stattdessen das Gefühl, Gottes Soldat zu sein, der jetzt endlich seinen Marschbefehl bekommen hatte und mutig in die Schlacht zog. Und ich redete auch so. Ich stand in der Gefahr, Gott auf denselben Thron zu setzen, auf dem die Angst gesessen hatte und ihm darum dieselben despotischen Eigenschaften wie der Angst zuzuschreiben.

Aber Gottes Regentschaft funktioniert nicht durch Unterwerfung und Zwang, sondern durch Gnade und Liebe. Das war es, was ich jetzt lernen sollte. Um das Vertrauen zu entwickeln, dass Gott mich niemals mehr der Angst überlassen wird und dass er mich wirklich liebt, musste ich mehr über Gott und sein Wesen lernen. Ich musste verstehen, dass er auch mir einen Bund anbietet. Dieser Bund war entgegen meiner Erwartung aber kein Vertragswerk und keine Sammlung von Befehlen und Verboten, vielmehr sollte ich Gottes Zusagen kennenlernen, sie verstehen und ihnen vertrauen. Gott wollte mich nicht zum treuen Soldaten machen, der himmlische Befehle umsetzt, sondern zu seinem Kind, das freie, gnädige und liebevolle Entscheidungen trifft. Ein Kind mit dem Selbstbewusstsein und dem Vertrauen, sich bei Gott geborgen zu wissen. Ich sollte eine Intuition für seinen Willen entwickeln. Ich sollte lernen, wie ich ohne meine Angst leben kann, und darauf vertrauen, dass allein Gott mir Sicherheit und Versorgung schenkt. Sinai, das ist nicht der Ort, an dem wir die Gebote Gottes verstehen, auswendig lernen und dann anderen erklären können. Es ist der Ort, an dem wir sie zu leben lernen.

Mein Sinai war der besagte Jahreskurs der Bibelschule. In diesen zehn Monaten veränderte sich in kurzer Zeit unglaublich viel bei mir. Diese Zeit hat große Spuren des Segens hinterlassen, die bis heute mein ganzes Leben prägen. Eine davon ist meine beste Freundin und Ehefrau Nicole, die ich dort kennenlernte. Meine Entscheidung, Theologie zu studieren und Pastor zu werden, fiel in dieser Zeit. Und diese Entscheidung war kein Marschbefehl Gottes, sondern eine interessante offene Tür und ein Lächeln Gottes, das sagte: »Mach schon, du willst es doch auch!« Ich hielt im Bibelschul-Jahr meine erste Sonntagmorgen-Predigt in einer Gemeinde. Durch viele Projekte, Aktionen und Unterrichtseinheiten habe ich sehr viel über die Bibel, meinen Glauben und Menschen gelernt. Wir machten viel Musik und ein paar jener Lobpreiszeiten haben mir tiefe geistliche Begegnungen mit Gott geschenkt.

Meine Ehe, mein Theologiestudium, meine Berufung zum Prediger, Anbetung und meine Liebe zur Bibel – das alles sind die Eckpfeiler und Leitplanken meines Lebens in Freiheit. Sie sind sozusagen die Ausstattung, die mir Gott an meinem Sinai schenkte, damit ich in diesem neuen Leben ohne die Herrschaft der Angst zurechtkomme. Ich mache mich von nichts davon abhängig, nichts davon darf den Thron beanspruchen. Aber ohne diese Leitplanken wäre es sicher viel schwerer. Und darum bin ich unendlich dankbar für jedes einzelne dieser riesigen Geschenke Gottes.

DANKE, ICH KANN KLAGEN!

Die Worte »Sinai« und »Dornbusch« haben im Hebräischen dieselbe Wortwurzel. Wer sich ein bisschen mit hebräischer Erzählkultur beschäftigt, weiß: Solche Zufälle gibt es in der Bibel nicht. Damit die Geschichte von Moses Berufung gut funktioniert, hätte dieser brennende Busch jede beliebige Wüstenpflanze sein können. Ein Kaktus hätte es auch getan. Aber es ist ausgerechnet ein Gewächs, das den Namen des Ortes beinhaltet, an dem Gott später seinen Bund mit dem Volk schließt. Der Zusammenhang zwischen diesen beiden Orten ist kein Zufall, sondern gewollt.

Über die Jahrhunderte hinweg haben Menschen diese Geschichte weitererzählt und immer wieder im Kleinen selbst erlebt, so wie ich. Im Nachhinein haben sie entdeckt, wie eng diese beiden Orte zusammengehören: Der Ort, an dem Mose vor seiner Berufung lebte, und der Ort des Bundes sind ein und derselbe Schauplatz.

Auch bei mir gibt es eine enge Verbindung zwischen diesen Orten. Mein Exodus verlief in ähnlichen Etappen wie der Exodus des Volkes aus Ägypten: Gott hat mich aus der Angst herausgerufen. Ich habe seine Stimme gehört und mich auf den Weg gemacht. Ich brach auf, der Sklaverei den Rücken zuzukehren. An meinem Schilfmeer traf ich die Entscheidung, mein Leben ganz in Gottes Hände zu geben, und ließ das Land der Angst endgültig hinter mir. Daraufhin führte Gott mich an meinen Sinai, an dem ich so viel lernte und wo er mich mit dem Equipment für ein Leben in Freiheit ausstattete. Dazu war es aber notwendig, noch einmal in meine Wüste zurückzukehren, aus der er mich herausgerufen hatte. Im Nachhinein erkenne ich, wie wichtig es für mich war, mich dieser schwierigen Zeit noch einmal zu stellen. Schön war das nicht, aber mein Therapeut Jesus wusste, was er tat.

Es war das Buch Hiob, das mich in diese Konfrontation mit meiner Angstvergangenheit lotste. Hiob ist der biblische Prototyp eines Menschen, der sinnlos und vor allem unverschuldet leidet. An Hiobs Beispiel sollen wir erkennen, dass es für großes Leid oft keine Erklärung gibt. Fromme Menschen versuchen angesichts des Leids ständig, Erklärungen zu finden. Wir suchen nach einem Schuldigen, kramen furchtbare Gottesbilder hervor und fangen an, Gott irgendein Handeln zu unterstellen, um es dann zu rechtfertigen. Wir denken in den Kategorien von Schuld und Strafe und glauben, Leid wäre eine Züchtigung Gottes, um uns auf bessere Wege zu bringen. Oder wir machen den Teufel für alles Leid verantwortlich und merken dabei gar nicht, welche Macht wir ihm da eigentlich zugestehen. Wir verbieten Leidenden, Gott anzuklagen, und nehmen ihnen damit das wichtigste geistliche Instrument weg, um mit ihrem Leid umzugehen. Für all das stehen die Freunde Hiobs, die ihn das ganze Buch über bearbeiten, ihn verurteilen und zurechtweisen. Hiob bleibt aber dabei, dass er unschuldig ist und dass es keine Begründung für sein Leid gibt. Er akzeptiert seine Situation nicht und klagt Gott mit einigen der heftigsten Worte an, die das Alte Testament zu bieten hat:

> *Endlich tat Hiob den Mund auf und verfluchte den Tag seiner Geburt. Er ergriff das Wort und sprach: Ausgelöscht soll er sein: der Tag, an dem ich geboren wurde! Ausgelöscht die Nacht, die verkündete: Die Eltern haben ein Kind gezeugt. Dieser Tag soll in der Finsternis ver-*

schwinden. Nicht einmal Gott in der Höhe soll nach ihm suchen. Nie mehr soll es hell werden über ihm. Dunkelheit und Schatten sollen ihn zurückfordern und unter einer dichten Wolkendecke verstecken. Finsternis am Tag soll Schrecken verbreiten. Diese Nacht soll im Stockdunkeln versinken. Hiob 3,1–6a (BB)

Als ich diese Worte zum ersten Mal las, war ich sofort konfrontiert mit der Grundangst meiner Kindheit, nicht zu existieren. Ich erinnerte mich an die tiefe Schwärze, wenn die Angst mich nachts umschlang. Nur dass ich hier von jemandem las, der dieser Dunkelheit nicht entkommen will. Hiob wünscht sich sogar diese Nichtexistenz, er will zurück hinter seine Geburt, hinter seine Zeugung. Zumindest knallt er Gott das an den Kopf.

Er hält in seiner lautstarken Klage nichts zurück, er greift Gott da an, wo es ihm wehtut: in seiner lebensspendenden Schöpferkraft. Hiob sagt Gott ins Gesicht, dass er das Geschenk des Lebens nicht haben will. Er reklamiert sein Leben, weil es nicht leben will, wenn es so voller Dunkelheit ist. Hiob beschimpft Gott aus allen Rohren. Das ist zu viel für die frommen Freunde Hiobs. Sie können so eine Klage nicht ertragen und halten sie für einen Abfall von Gott. Sie diskutieren kapitellang mit ihrem Freund und verbieten ihm den Mund. Und Gott ist in der Tat zornig, sehr sogar. Aber nicht etwa auf Hiob, sondern auf seine Freunde, die ihn von seiner Klage abhalten wollen (Hiob 42,7–8).

Als wir in der Bibelschule das Buch Hiob durchnahmen, hörte ich zum ersten Mal in meinem Leben davon, dass Klage etwas Gutes ist. Dass sie zum Leben eines ehrlichen Beters dazugehört wie Dank, Fürbitte und Lobpreis. Ich erinnerte mich an die Lieder, die ich in den dunklen Zeiten meiner Angst geschrieben und für die ich mich immer geschämt hatte. Diese Lieder waren meine Klage, mit der ich die Wut und den Schmerz, die auch Hiob empfand, an die einzig richtige Adresse geschickt hatte: direkt an Gott! Diese Lieder waren längst in der Versenkung verschwunden. Ich hatte mich ja schon in den dunklen Momenten für sie geschämt, erst recht in den besseren Zeiten. Spätestens seit meiner Durchquerung des Schilfmeeres gehörten sie für mich zur düsteren Vergangenheit, die ich im Ägypten meiner Angst zurückgelassen hatte.

Doch Hiob motivierte mich, diese Lieder wieder hervorzukramen. Ich erkannte, dass meine Klage mich im tiefsten Tal in einer Verbindung mit Gott gehalten hatte und somit ein echter Schatz meines Glaubens ist. Ich erkannte, dass es richtig gewesen war, zu klagen. Und dass Gott die Ehrlichkeit meines Zornes honoriert, ganz im Gegensatz zu gut gemeinter frommer Selbstzensur. Und so probte ich zum Leidwesen meiner Mitschüler ein halbes Jahr lang ein paar dieser Lieder mit der E-Gitarre im Bibelschulkeller, um sie dann im improvisierten Heimstudio eines Freundes aufzunehmen. Das Ergebnis ist nicht gerade eine musikalische Offenbarung, muss ich sagen. Aber es ist mir wichtig, diese Lieder zu haben und anhören zu können. Sie sind heilige Gebete, auch wenn sie für fromme Ohren nicht so klingen. Und ich schäme mich nicht für sie, weil ich mich vor Gott für meine Emotionen im Leid nicht schämen muss.

Heute gehört die Klage fest zu meinem Gebetsleben. Beinahe hätte ich damals vor lauter Enthusiasmus auf diese kraftvolle Gebetsform verzichtet. Doch Gott ermutigte mich dazu, sie mitzunehmen in mein neues Leben jenseits des Schilfmeeres. In einigen tiefen Tälern meines Lebens habe ich seitdem in der Klage meinen Ausdruck gefunden. Manchmal ist Klage das einzige Gebet, das ich über die Lippen bekomme. Weil ich

Gottes Gnade im Herzen vertraue, kann ich Lasten, Schmerzen und Angst schonungslos vor seine Füße kippen. Weil ich wirklich glaube, dass Gott mich liebt, verberge ich auch meinen Zorn und meine Wut nicht vor ihm. In der Klage spüre ich Gott am stärksten. Wenn Gott mein Vater ist, dann nicht nur, wenn ich ihn lobe und dankbar bin, sondern auch dann, wenn ich ihn beschimpfe und wütend mit den Fäusten gegen seine Brust schlage. Ich glaube, dass Klage tatsächlich so etwas wie die Krönung der Angstfreiheit ist. Wer klagt, vertraut Gott auch noch in der tiefsten Finsternis. Und erst dieses Vertrauen ist das Ende der Angst. So wie Paulus es im Römerbrief schreibt:

Ihr habt ja nicht einen Geist empfangen, der euch zu Sklaven macht. Dann müsstet ihr doch wieder Angst haben. Ihr habt vielmehr einen Geist empfangen, der euch zu Kindern Gottes macht. Weil wir diesen Geist haben, können wir rufen: »Abba! Vater!« Römer 8,15 (BB)

Am Ende unseres Bibelschulkurses forderte uns unser Lehrer dazu auf, einen Brief an uns selbst zu schreiben und ihn in einen Umschlag zu stecken. Er versprach, uns diesen Brief genau ein Jahr später zu schicken. Wir sollten unserem Zukunfts-Ich erzählen, was der Bibelschulkurs bei uns verändert hat und was uns wichtig geworden ist. Auf diesem Wege sollten wir daran erinnert werden, uns unsere Erkenntnisse und Veränderungen nochmal vor Augen zu führen und zu überprüfen, ob wir unser Leben noch so gestalten, wie wir es uns vorgenommen hatten.

Als ich ein Jahr später diesen Brief öffnete, las ich nur diese eine Botschaft, die ich mir selbst mit auf den Weg gegeben hatte: »Vergiss es niemals: Du bist ein freies Kind Gottes!«

Tatsächlich lässt sich mein Sinai auf diese eine Formel reduzieren.

Der Kampf Gottes gegen die Angst in meinem Leben fing mit meiner Geburt an. Er selbst stand mir zur Seite und durchlitt jede einzelne Panikattacke mit mir. Er nahm meine Hand und führte mich heraus aus meinem Sklavenhaus, durch mein Schilfmeer und an meinen Sinai. Er überhäufte mich mit Geschenken seiner Liebe. Und alles nur, damit ich verstehe: Ich bin sein freies Kind.

Diese Wahrheit hat Gott selbst über meinem Leben ausgesprochen. Diese Wahrheit ist nicht diskutabel für mich, für keinen Preis der Welt gebe ich sie her. Nichts und niemand wird sie mir jemals nehmen können. Komme, was oder wer wolle, über diese Wahrheit werde ich mir immer sicher sein: Ich bin und bleibe ein freies Kind Gottes!

5

DER BLEIBENDE KAMPF

BLAISE PASCAL UND DIE
ANGST VOR DEM TOD

Eigentlich war mein Plan, das Buch an dieser Stelle zum Abschluss zu bringen. Ich wollte noch ein Schlusskapitel schreiben über ein paar Einfallstore der Angst, auf die ich in meinem Leben noch aufpassen muss. Und dann wollte ich ein schönes und versöhnliches Ende finden.

Nachdem ich alles aufgeschrieben hatte, was du bis hierher gelesen hast, überfiel mich allerdings für ein paar Wochen eine Art Schreibblockade. So richtig wollte mir nicht einfallen, wie ich dieses runde Ende genau schreiben kann. Ich formulierte ein paar Versuche, aber nichts zündete so richtig. So ließ ich meine Arbeit an diesem Buch eine Weile ruhen. Es war vermutlich besser so, denn würde ich am Ende suggerieren, dass meine Angst Vergangenheit wäre oder ich sie zumindest jederzeit unter Kontrolle hätte, dann wäre das einfach unehrlich.

Die Wahrheit ist, dass ich jederzeit wieder zu ihrem Opfer werden kann. Und sich bietende Chancen ergreift sie schnell und ausgiebig. Es gibt immer wieder eine offene Tür oder ein Fenster auf Kipp, durch das sie in mein Lebenshaus schleichen und ihr Gift verspritzen kann. Und trotz allem, was ich mit ihr erlebt und überlebt habe, findet sie noch immer Wege, wie sie an ihrer Machtergreifung arbeiten kann, ohne dass ich es merke.

Die Wahrheit ist aber auch: Gott kämpft! Er wacht über mich. Er ist es, der die Angst kennt und bemerkt und der mich immer wieder in die Konfrontation mit ihr führt, damit ich ihr nicht zum Opfer falle. Und immer, wenn das passiert, lerne ich erneut: Die einzige Chance, die ich habe, ist ihm zu vertrauen und nur auf ihn zu hören – das erste Gebot!

Als die Angst mich mitten in meiner Schreibblockade mit einer lange nicht dagewesenen Wucht aus heiterem Himmel traf, fühlte ich mich völlig unvorbereitet und hilflos. Aber das war ich gar nicht. Denn Gott hatte mich ausgerechnet jetzt zum Schreiben dieses Buches motiviert. Die Beschäftigung mit meiner Angstgeschichte und das Aufschreiben meines Exodus' aus der Angst war Gottes Art, mich sachte in eine Auseinandersetzung zu führen, vor der ich mich bisher erfolgreich gedrückt hatte. Diese Auseinandersetzung ist ein sehr wichtiger Schritt auf meinem Exodus und sie begann damit, dass mir ein französischer Philosoph im Traum erschien.

Eines Nachts im März 2021 träumte ich einen Namen: Blaise Pascal. Die ganze Nacht hindurch kam mir immer wieder dieser Name. Das war aus zwei Gründen seltsam: Erstens hatte ich den Namen zwar in irgendeinem Zusammenhang mal gehört, konnte aber fast gar nichts mit ihm verbinden. Ich hatte mich in letzter Zeit ganz sicher nicht mit dieser historischen Person auseinandergesetzt und hatte keinen Anhaltspunkt, wieso ich ihren Namen jetzt plötzlich in meinem Traum hatte. Zweitens passierte in meinem Traum nichts weiter. Es war wie ein Film ohne Handlung. Ich hatte einfach nur diesen Namen in den Ohren.

Ich kenne das. Ab und zu gibt Gott mir auf diesem Weg Tipps oder Hinweise, womit ich mich am nächsten Tag beschäftigen soll. Oft sind solche Träume eine Art Anfangsinspiration für meine Predigten oder sie lösen ein gedankliches Problem, über dem ich schon länger brüte. Als ich aufwachte, war mir also völlig klar, dass ich mich mit dem Menschen Blaise Pascal beschäftigen soll. Ich ging davon aus, dass das etwas mit meiner nächsten Predigt zu tun haben würde.

Ich wusste über Blaise Pascal bis zu diesem Tag nur, dass er irgendeinen Beitrag zur Naturwissenschaft geleistet hatte, der uns die Welt um uns herum besser hatte verstehen lassen. Ich machte mich also im Internet auf die Suche nach etwas, was er gesagt oder getan hatte, was mich eventuell inspirieren könnte. Ich stellte fest, dass er viele sehr schlaue Dinge gesagt und geschrieben hatte, und fand unzählige kurze Zitate von ihm.

Aber so klug seine Zitate auch waren, keins davon wollte mich so richtig begeistern. Schade, denn kluge Zitate von klugen Leuten eignen sich ja immer ganz gut, um einen Predigteinstieg zu finden.

Ich erzählte Nicole von meinem rätselhaften Traum und sie ermutigte mich, Gott intensiv zu fragen, was dieser Traum zu bedeuten hat. Ich betete also, dass Gott mir zeigen möge, was es damit auf sich hat. Aber ich hörte nichts weiter von ihm und wurde nirgends fündig. Irgendwann am Nachmittag recherchierte ich dann die Biografie von Blaise Pascal. Ich las von seinem Werdegang, seiner akademischen Laufbahn und seinen familiären Verhältnissen, immer mit der Frage im Kopf, was das alles womöglich mit mir zu tun haben könnte. Oder ob es an seiner Lebensgeschichte irgendetwas »Verwertbares« für mich gab. Oder ob Gott mir etwas Wichtiges durch das alles zu sagen hat. Aber auch hier fand ich zunächst nichts.

Blaise Pascal lebte im 17. Jahrhundert, stammte aus einer Adelsfamilie und war von klein auf ein kränkliches und schmächtiges Kind. Früh zeigte sich bei ihm eine Hochbegabung, die sein Vater mit aller Kraft förderte. Besonders auf dem Gebiet der Mathematik war er genial und erfand eine mechanische Rechenmaschine, eine Art frühe Form des Taschenrechners. Er forschte sehr erfolgreich zu verschiedenen Themen der Physik, fiel aber auch immer wieder in schwere depressive Episoden. Im Alter von 23 Jahren wurde er Christ und hatte acht Jahre später ein einschneidendes Erweckungserlebnis, das dazu führte, dass er sich mehr und mehr mit dem christlichen Glauben beschäftigte und sich in seinen Schriften und Gedanken mit der etablierten Kirche anlegte. Er galt als unbequem und unbeugsam und veröffentlichte verschiedene wissenschaftliche und philosophische Schriften, die wohl bis heute einen wichtigen Stellenwert haben.

Das alles ist nett, hat aber nichts mit mir zu tun. Ehrlich gesagt langweilte mich, was ich las. Das Leben dieses Mannes war mir fremd und ich fand keine Inspiration darin. Doch dann entdeckte ich plötzlich die entscheidende Information: Blaise Pascal starb an den Folgen der Krankheit, die ihn sein ganzes Leben begleitet hatte, auf den Tag genau mit 39 Jahren und zwei Monaten.

Wie ein Stromschlag durchfuhr es mich und ich hatte das Gefühl, als würde ich schweben, aber auf eine unangenehme Art. Es war das Gefühl von Schwerelosigkeit, das in dieses Gefühl von Fallen überging, das einen in der Regel sofort aus dem Traum erwachen lässt. Aber ich wachte nicht auf. Ich saß allein auf dem Sofa und hatte mein Handy in den zitternden Händen, auf dem Display der Wikipedia-Artikel über Blaise Pascal. Meine Frau unterhielt sich gerade an der Haustür mit einer Bekannten. Die Kinder lärmten durchs Treppenhaus. Dieses ganze Gewusel ging wie in Zeitlupe vor sich.

Ich wollte nach Hilfe rufen, aber ich konnte nicht. Ich versuchte, mit meinen Blicken irgendwo im Raum Halt zu finden, aber es war so, als wäre nichts um mich herum real. Schlagartig hatte ich das Gefühl, das Bewusstsein zu verlieren. Mir wurde schwindelig und alles in mir verkrampfte. Eindeutig war das eine Panikattacke. Und sie war so intensiv, wie ich es seit vielen Jahren nicht mehr erlebt hatte. Auf eine skurrile Art war sie anders als die Panikattacken, die ich bis dahin kannte. Sie schien ewig zu dauern und mit jeder Sekunde driftete ich weiter ab in die Dunkelheit. Der Grund für die Panikattacke: Vor drei Wochen hatte ich Geburtstag gehabt und war 39 Jahre alt geworden.

Ich hatte beim Lesen der Biografie von Blaise Pascal versucht, eine Verbindung zwischen seinem und meinem Leben herzustellen. Hier war sie, diese Verbindung: unser Todestag. Es war, als ob mir dieser Artikel sagte: »In einem guten Monat bist du tot. Du stirbst auf den Tag genau mit 39 Jahren und zwei Monaten! Das ist der Grund, warum du von Blaise Pascal geträumt hast. Gott lässt dir ausrichten: Du stirbst! Und zwar sehr bald.«

Vielleicht kommt es dir seltsam oder gar naiv vor, dass ich das wirklich glaubte. Besonders nach allem, was du bisher über meine Geschichte mit der Angst gelesen hast. Mir kommt das im Rückblick natürlich auch seltsam vor, zumal ich ein kerngesunder Mensch im besten Lebensalter bin, was sogar jüngst ärztlich attestiert worden war. Aber so arbeitet die Schlange: Die Gedanken, die sie uns einimpft, sind für uns erschreckend einleuchtend, auch wenn das von außen oder im Nachhinein nicht so wirkt. In der Situation, in der es dich erwischt, hat das alles Hand und Fuß und ist von bestechender Logik.

Ich war so überrascht von diesem Angriff, dass ich mich völlig wehrlos fühlte. In diesem Panikmodus war keine meiner mühsam erarbeiteten Strategien gegen die Angst verfügbar. Die akute Panik verging nach ein paar Minuten, aber die lähmende Angst blieb. Ich war mir sicher: Es ist die einzige Möglichkeit, der einzig nachvollziehbare Grund, weshalb ich zu Blaise Pascal recherchieren sollte: Was, wenn ich sterbe, und zwar genau am 25. April, exakt zwei Monate nach meinem 39. Geburtstag? Denn schließlich kann jeder Mensch jederzeit überraschend sterben, egal wie gesund er ist. Die Wahrscheinlichkeit dafür ist nicht sehr hoch, aber die reine Möglichkeit reicht der Angst, um zu einem gefühlten Fakt zu machen, dass es mich bald erwischt.

Dieser Gedanke ließ mich nicht mehr los. Weil ich weiß, dass Nicole von solchen Todesgedanken auch schnell getriggert wird, sagte ich ihr erst mal nichts davon. Sie merkte natürlich sofort, dass es mir nicht gut ging. Ich sagte ihr, dass Gott vielleicht gerade ein schmerzhaftes Thema bei mir anreißt, und dass ich ihr später davon erzählen würde.

Am nächsten Morgen war ich schon etwas entspannter. Mit einer Nacht Abstand zur Panikattacke wurde mir klar, dass dieses ganze Erlebnis eindeutig die Handschrift der Angst trug. Sie hatte mich wieder einmal belogen und mir weismachen wollen, dass Gott mir gehässig meinen baldigen Tod vor Augen malt. Und ich hatte wieder einmal nicht das Vertrauen gehabt, diese Lüge zu entlarven. Mir ein Datum mitzuteilen, vor dem ich mich dann entsetzlich fürchten soll, das ist der Stil der Angst, nicht der Stil Gottes. Ich hatte das oft erlebt und mich viel zu oft in solche Dinge hineingesteigert. Aber das hatte ich im Panikmodus nicht gesehen und nicht sehen können. Ich hielt es zwar immer noch für möglich, dass Gott mir tatsächlich meinen Tod angekündigt hatte. Es sprach jedoch viel mehr dafür, dass die Angst bei mir einen schmerzhaften Coup gelandet hatte.

Einige Wochen zuvor hatte mir ein Freund, der auch Pastor ist und eine prophetische Gabe hat, einige Verse aus dem biblischen Buch der Klagelieder ans Herz gelegt. Er meinte, dass diese Worte in der nächsten Zeit eine wichtige Rolle für mich spielen würden. Und in der Tat beschreiben sie haargenau das Spannungsfeld, in dem ich seit meiner pascalschen Angstattacke hin- und hergerissen war:

> *Der Gedanke an meine Not und Verlassenheit macht mich bitter und vergiftet mein Leben. Trotzdem muss ich ständig daran denken, und das wühlt mich bis ins Innerste auf. Deshalb will ich in mich gehen und meine Hoffnung auf den Herrn setzen: Ja, seine Güte hört nicht auf. Sein Erbarmen hat noch lange kein Ende. Jeden Morgen erbarmt er sich von Neuem. Gott, deine Treue ist unfassbar groß. Ich bekannte: »Der Herr ist alles für mich! Deshalb setze ich meine Hoffnung auf ihn.«* Klagelieder 3,19–24 (BB)

Tatsächlich stärkten diese Bibelverse meine Hoffnung auf Gottes unbegrenztes Erbarmen und ich wurde immer zuversichtlicher, dass ich noch viele neue Morgen erleben würde, auch über den 25. April hinaus. So wich die Angst allmählich einem überraschend friedlichen Grundgefühl. Gott hatte mir mit Sicherheit nicht sagen wollen, dass ich bald sterben muss. Aber er hatte mir auch nicht nichts sagen wollen. Auch das wurde mir immer klarer. Dass mich der Gedanke daran, bald zu sterben, in eine so krasse Panik versetzen konnte, ärgerte mich. Ich wusste es doch eigentlich besser. Ich war doch so überzeugt davon, dass nach dem Tod etwas Gutes auf mich wartet.

Solange der Tod weit genug entfernt ist, ist es relativ einfach, diese Überzeugung zu vertreten. Aber wenn er urplötzlich schmerzhaft naherückt, ist das etwas ganz anderes. Warum kann ich angesichts meines Todes nicht mit den Klageliedern sagen: »Der Herr ist alles für mich! Deshalb setze ich meine Hoffnung auf ihn«? Warum fällt mir das so schwer? Warum kann die Angst vor dem Tod mein Leben bitter machen und vergiften? Wo war mein Todesmut hin, den ich bei meiner Teilung des Schilfmeeres verspürt hatte und der die Angst so imposant und nachhaltig in ihre Grenzen gewiesen hatte? Was war mit dem ersten Gebot und wo war das blinde Vertrauen, dass Gott für mich kämpft?

Als Pastor bin ich sehr oft mit dem Tod konfrontiert, er gehört zu meinem Alltag. Ich gestalte Beerdigungen und Trauerfeiern, begleite Trauernde und vor allem auch Sterbende. Dabei habe ich beeindruckende Menschen kennengelernt, die ihren letzten Weg voller Vertrauen und irgendwie würdevoll gegangen sind, teilweise sogar voller Vorfreude auf die Begegnung mit Gott auf der anderen Seite. Diese aufrechte Haltung gegenüber dem nahenden und unvermeidlichen Tod habe ich immer sehr bewundert. Aber diese Menschen sind eindeutig in der Minderheit. Die meisten Menschen, die sich dessen bewusst sind, dass sie nur noch Tage oder maximal Wochen zu leben haben, entwickeln die gleiche nackte Panik und tiefe Angst, wie ich sie erlebt hatte, als ich auf den Todestag von Blaise Pascal stieß.

Und das gilt auch für die meisten Christen. Plötzlich sind die ganzen guten Bekenntnisse und Überzeugungen nicht mehr viel wert. Der Glaube, dass Jesus den Tod besiegt hat, wird zur Floskel und zu christlicher Fassade, hinter der die Angst vor dem eigenen Ende zum Vorschein kommt. Es ist die Angst, nicht mehr zu existieren. Bei vielen Sterbenden habe ich den Eindruck, dass ausgerechnet ihr letzter Weg kein Fundament mehr hat, dass ausgerechnet die letzten Meter ihres Lebens voller Schlammpfützen und Stolperfallen sind.

Und ich weiß, dass ich so nicht sterben will. Ich will nicht durch die letzte Tür straucheln, völlig verängstigt und verunsichert. Und vor allem will ich in der Zeit, die mir bis dahin bleibt, diesen letzten Weg nicht andauernd ignorieren und beiseiteschieben. Ich will kein Sklave der Angst vor dem Tod sein. Nicht jetzt und auch nicht dann, wenn meine Zeit gekommen ist.

Gott konfrontierte mich durch Blaise Pascal mit meiner Angst vor dem Tod, damit ich ihr in die Augen schaue und sie endlich ablegen kann. Ich fing an, mich dem Gedanken erneut zu stellen, was denn wäre, wenn der 25. April tatsächlich der letzte Tag meines Lebens wäre. Was würde das bedeuten? Für mich, für meine Familie, für die kurze Zeit bis zu diesem Tag? Ich stellte mir die Frage jetzt nicht mehr mit Panik im Herzen, sondern nüchtern, wie in einem Gedankenexperiment: Angenommen, ich sterbe bald – was wäre denn dann? Was würde passieren? Ich betete zu Gott und bat ihn darum, dass er mich von meiner Todesangst befreit. Und dann nahm ich mir fest vor, mich diesen Fragen ausführlich zu stellen. Mein Ziel war es, dass ich lerne, jederzeit zu sterben bereit zu sein. Und dass ich dem Tod ohne Angst in die Augen schauen kann.

Dieses Ziel wollte ich nicht irgendwann in ferner Zukunft erreichen, sondern innerhalb weniger Wochen, nämlich bis zum 25. April. Die Angst hatte mir im wahrsten Sinne des Wortes eine Deadline gesetzt, ein Datum, an dem sie ihre Herrschaft wiedererlangen wollte. Ich machte dieses Datum jetzt zur Zielmarke, an der ich kein Sklave meiner Angst vor dem Tod mehr sein wollte.

MEMENTO MORI

Stell dir dein Leben als ein Stück unberührte Natur vor, in das du mit dem Zeitpunkt deiner Geburt ausgesetzt wurdest. Alles dort ist neu für dich. Du findest einen Ort, an dem du dein Lager aufschlägst, und du beginnst, dich in der Umgebung zu orientieren. In der Nähe ist ein Fluss, dort kannst du Wasser schöpfen und eventuell Fische fangen. In einer anderen Richtung entdeckst du eine Obstwiese, wieder woanders ein Wäldchen, wo du Holz sammeln kannst. Mit der Zeit findest du dich immer besser zurecht. Die Wege, die du gehst, sind anfangs neu und ungewiss, aber mit der Zeit werden Trampelpfade daraus, auf denen du dich auskennst. Irgendwann sieht man dem Boden an, wo es langgeht. Schwierigkeiten und Hürden auf dem Weg kennst du und weißt, wie du damit umgehst.

Trampelpfade entstehen nur auf eine Art und Weise, nämlich indem sie immer wieder gegangen werden. Wir alle haben solche Trampelpfade in unserem Leben. Wir nennen sie Gewohnheiten. Dinge, die wir andauernd wiederholen, zum Beispiel, um unsere Bedürfnisse zu befriedigen. Trampelpfade sind sicherer, als querfeldein durchs Ungewisse zu gehen. Sie schaffen uns nötige Sicherheiten für unseren Alltag und helfen uns, mit unserem Leben klarzukommen.

Traurigerweise haben die meisten Menschen in ihrem Leben überwiegend willkürliche Trampelpfade, die mit der Zeit relativ wahllos entstanden sind und die sie irgendwann nicht mehr hinterfragen. Auf diese Weise entdecken sie nicht, was für Schätze sonst noch in ihrem Leben verborgen liegen und wie sie diese finden können. Sie gehen immer dieselben Wege und setzen sich keine neuen Ziele, wagen keine Abenteuer. Doch die gute Nachricht ist: Trampelpfade können verändert werden. Und man kann sogar bewusst neue Trampelpfade in seinem Leben schaffen. Geistliche Übungen erfüllen genau diesen Zweck. Wir gehen absichtlich einen ganz neuen Weg in unserem Leben und wiederholen diesen Weg so lange, bis ein neuer Trampelpfad entstanden ist und es uns deshalb leichtfällt, ihn zu gehen. Solche Übungen können sehr bereichernd sein, besonders wenn sie uns mit den Oasen unseres Lebens verbinden.

Die geistliche Übung, die uns den Weg des Sterbens einüben lässt, nennt man »memento mori«. Übersetzt bedeutet das: »Bedenke den Tod«. Diese Übung ist schon sehr alt und auch ich hatte mich schon vor Jahren damit beschäftigt, allerdings nicht besonders intensiv. Es handelt sich dabei um eine Art homöopathisches Sterben. Du stirbst nicht wirklich, aber du lässt innerlich dein Leben los. Du stirbst in deiner Fantasie kleine Tode, indem du jedes Mal etwas freigibst, an dem du dich sonst immer festklammerst und es nicht verlieren willst. Sterben bedeutet ja nichts anderes, als durch eine Tür zu gehen, durch die du nichts mitnehmen kannst. Wer also gelernt hat, Dinge abzulegen und freizugeben, hat es an dieser Tür leichter, wenn er oder sie schließlich alles ablegen und freigeben muss. Indem du das im Kleinen tust, es aber ständig wiederholst, bildet sich in deinem Leben ein neuer Trampelpfad: der Pfad des Sterbens. Und wenn du eines Tages tatsächlich stirbst – und glaub mir, das wirst du! –, dann ist der erste Teil dieses Weges kein Neuland mehr für dich. Du kennst dich schon aus und weißt, wie dieser Weg funktioniert. Du kennst seine Tücken und Stolpersteine. Und darum kannst du ihn gelassener, zuversichtlicher und bewusster gehen.

Ich möchte unbedingt diesen Trampelpfad in meinem Leben haben. Einerseits wünsche ich mir das, weil ich höre und lese, dass Menschen, die diesen Trampelpfad haben, ein erfüllteres und bewussteres Leben führen. Sie sind einen guten Teil des Weges schon einmal gegangen und wissen dadurch ihr Leben viel mehr zu schätzen. Das will ich auch. Andererseits möchte ich diesen Trampelpfad in meinem Leben haben, weil ich fest daran glaube, dass Sterben der endgültige Weg in Gottes Arme ist. Und jeder Meter, der mich näher an Gottes Arme bringt, ist ein guter Meter. Sterben, das ist ein guter Weg. Zumindest, wenn wir darauf vertrauen, wohin er führt, und wenn wir wissen, wie wir ihn gehen können.

Es gibt eine einfache Übung, die schon im Mittelalter praktiziert wurde, als der Tod noch viel alltäglicher und gegenwärtiger war als heute und ständig akut drohte: Wenn du dich abends schlafen legst, stellst du dir vor, dass du aus deinem Schlaf nicht wieder aufwachst. Wenn du diese Nacht stirbst, bist du dazu bereit? Was hättest du noch erreichen wollen? Was hättest du noch den Menschen sagen wollen, die du liebst? Wie würden sie dich jetzt in Erinnerung behalten? Welche Vergebung hättest du gerne noch empfangen oder ausgesprochen? Welche Beziehung hätte noch heilen sollen? Wo wärst du gern klarer und radikaler gewesen? Wo hättest du aber auch entspannter und großzügiger sein können? Was war wunderschön und außergewöhnlich in deinem Leben? Was bleibt davon übrig?

Mit all diesen Fragen schläfst du ein. Auf diese Weise lässt du jeden Abend dein Leben los. Wenn du dann am nächsten Morgen aufwachst – quasi entgegen deiner Erwartung –, ist der neue Tag ein besonderes Geschenk, das du nutzen kannst, daran zu arbeiten, all diese Fragen am nächsten Abend zufriedenstellender zu beantworten. Und damit bekommt das

Leben mehr Ziele, mehr Erfüllung und mehr Sinn. Genau das ist gemeint mit dem berühmten Vers:

»Lehre uns bedenken, dass wir sterben müssen, auf dass wir klug werden.«   *Psalm 90,12 (LUT)*

Es ist wenig überraschend, dass so eine Übung meine Angst heftig triggert. Schließlich ist die Vorstellung, augenblicklich zu sterben, das Wesen jeder meiner Panikattacken. Die Angst redet mir gerne so ein magisches Denken ein, ich würde meinen Tod überhaupt erst heraufbeschwören, wenn ich zu sehr darüber nachdenke. Sie versucht mit allen Mitteln, mir dieses Denkverbot aufzuzwingen. Sie will nicht, dass ich meinem Tod gelassen begegne, weil sie das letzte Wort haben will. Darum habe ich die Beschäftigung mit solchen Gedanken und Übungen lange vermieden. In einer akuten Angstphase ist das vermutlich auch besser so.

Aber jetzt, wo Gott selbst mich in diese Konfrontation geführt hatte, nahm ich mir vor, diesen Trigger bewusst auszulösen, selbst auf den roten Knopf zu drücken. Denn ich bin überzeugt davon, dass diese Übung meine Angst letzten Endes nicht fördert, sondern ihr den Saft abdreht. Dass der Gedanke daran, in den nächsten Stunden zu sterben, ein Trigger ist, ist ja für sich allein schon ein Problem und gehört zu meinem Angstkomplex. Oder um es bildhaft zu sagen: Die Angst vor dieser Übung war mein Pharao. Es hilft nichts, ihm aus dem Weg zu gehen. Ändern wird sich erst etwas, wenn ich in seinen angsteinflößenden Thronsaal gehe und ihm ins Gesicht sage: Lass mein Volk gehen!

Also gewöhnte ich mir ein neues Abendritual an: Ich liege Abend für Abend im Bett und bete: »Lieber Vater. Ich habe

zwei Wünsche. Mein erster Wunsch: Ich will meinen letzten
Weg voller Zuversicht und ohne Angst gehen. Nicht die Angst
soll mein Ende dominieren, sondern Kraft, Liebe und Beson-
nenheit. Und mein zweiter Wunsch: Ich möchte diesen Weg
jetzt noch nicht gehen. Ich will leben. Aber dein Wille zählt.
Hilf mir, bereit zu sein, wenn du mich jetzt aus dem Leben
nimmst. Wenn ich diese Nacht sterbe, dann gehe ich dankbar
in deine Arme. Ich vertraue dir, dass du das Beste tust. Amen.«
Anschließend denke ich darüber nach, was es bedeuten würde,
jetzt zu sterben.

Jedes Mal steigt dann das altbekannte Panikgefühl in mir
hoch. Wenn es kommt, weiche ich ihm nicht aus, sondern
begegne ihm. Ich beobachte, wie sich mein Puls beschleunigt
und wie ich dann wieder ruhiger werde. Mit jedem ihrer An-
läufe wird die Angst schwächer. Irgendwann beende ich das
Gedankenspiel und wende mich anderen Gedanken zu. Ich
lasse dabei nicht zu, dass die Angst die Übung beendet. Ich bin
Herr über Anfang und Ende dieser Übung. Ich verlasse diesen
Ring grundsätzlich nur als Sieger.

Ich bin selbst immer wieder überrascht, dass es mir nach
dieser Übung leichtfällt, einzuschlafen. Die Panik folgt mir
nicht in meine Träume. Ich fühle mich ruhig und geborgen.
Aber das Beste ist jedes Mal der nächste Morgen. Ich realisiere,
was für ein großes Geschenk der neue Tag ist. Und wie gut es
sich anfühlt, zu leben. Es mag kitschig klingen, aber ich ent-
decke viel mehr schöne Details in der Welt um mich herum.
Das bedeutet nicht, dass ich jetzt jeden Morgen super gelaunt
aufstehe und strahle wie die Morgensonne. Manchmal denke
ich auch vor lauter Kinder-Frühstück-Kita-Schule-Trubel gar
nicht daran und merke dann erst eine oder zwei Stunden nach
dem Aufstehen, was es bedeutet, noch am Leben zu sein. Und
natürlich gibt es auch Abende, an denen ich einfach nur ins

Bett falle und keine Nerven mehr für diese Übung habe. Aber wenn ich sie mache, ist sie jedes Mal eine Bereicherung.

Ein echter Vorreiter der geistlichen Übungen des »memento mori« war Michel de Montaigne. Schon wieder ein französischer Philosoph, aber dieser lebte gut 100 Jahre vor Blaise Pascal. Eines Tages hatte er einen schlimmen Unfall. Er stürzte in vollem Galopp vom Pferd und verletzte sich dabei schwer. Seine Freunde fanden ihn blutüberströmt und trugen ihn nach Hause, während Montaigne immer wieder das Bewusstsein verlor und nach eigener Aussage seine Seele leicht wie eine Elfe auf seinen Lippen tanzen sah. Er kehrte danach ins Leben zurück und erholte sich von seinem Unfall. Dieses Nahtoderlebnis veränderte ihn jedoch von Grund auf. Er hatte durch diese Erfahrung so viel Kraft und Lebensmut geschöpft, dass er sie wiederholen wollte, freilich ohne den damit verbundenen Unfall. Und so beschäftigte er sich zeitlebens intensiv mit dem Tod, nicht aus morbider Schwarzmalerei, sondern aus purer Lebenslust. Er war der Überzeugung, dass wir nur wirklich frei werden, wenn wir uns immer wieder den unumstößlichen Fakt vor Augen führen, dass wir sterben werden. Er riet sogar dazu, keinen Gedanken öfter zu denken als den an den eigenen Tod. Ich weiß nicht, ob ich das so unterschreiben würde, aber ich weiß auch, dass die meisten Menschen – mich eingeschlossen – lieber gar nicht an den Tod denken, bis er sie irgendwann völlig überraschend trifft. Und letzteres ist ganz sicher der schlechtere Weg.

Ich hatte noch nie ein Nahtoderlebnis und bin auch nicht besonders scharf darauf. Stattdessen hat die Konfrontation mit meiner Todesangst durch Blaise Pascal für mich diese Funktion. Diese Panikattacke hat mich, ähnlich wie ein Nahtoderlebnis, tiefgreifend auf meine Sterblichkeit aufmerksam gemacht. Und sie hat mich auf die Idee gebracht, meinem Sterben auf die Spur zu kommen. Ich folge Tag für Tag dieser Spur, bis sie ein deutlicher Trampelpfad in meinem Leben ist.

Die immense Bedeutung dieses Erlebnisses wird mir erst allmählich klar: 17 Jahre nach der Teilung meines Schilfmeeres bin ich jetzt in die dritte Phase meines Exodus eingetreten. Die erste Phase war die Sklaverei. In dieser Phase war ich ein Opfer der Angst. Ich tat, was sie sagte. Ich konnte ihr nicht entrinnen. Ich hatte keine Chance gegen ihre Herrschaft in meinem Leben.

In der zweiten Phase lernte ich Verteidigungsstrategien gegen die Panik. Ich kam immer besser mit ihren Angriffen zurecht. Ich verließ das Land ihrer Herrschaft, durchquerte das Schilfmeer, stolperte durch die Wüste, begegnete meinem Gott und verstand, was es bedeutet, das erste Gebot zum Lebensinhalt zu machen. Ich studierte die Bibel und mein Vertrauen wuchs.

Jetzt ist es höchste Zeit für Phase drei: Ich gehe in die Offensive. Ich gebe mich nicht mehr damit zufrieden, dass die Angst mich meistens in Ruhe lässt. Ich werde es ihr in meinem Leben dermaßen ungemütlich machen, dass sie es nicht mehr bei mir aushält. Es wäre ganz schön vermessen, mir selbst diesen Sieg zuzutrauen, wo ich doch immer wieder überraschend labil und unvorbereitet auf die Angst reagiere. Aber ich traue Gott diesen Sieg zu. Denn ich habe aus der Exodus-Erzählung der Bibel gelernt: Nach den Jahren der Sklaverei und den Jahren in der Wüste darf das Volk schließlich ins gelobte Land einziehen. Erst dort endet die Versklavung endgültig. Indem ich mich mit meinem Tod auseinandersetze und den Trampelpfad des Sterbens in mein Leben präge, werde ich wirklich frei von der Herrschaft der Angst in meinem Leben. Oder wie ein noch viel älterer Philosoph als Montaigne und Pascal einmal sagte:

> *»Bereite dich auf den Tod!«*
> *Wer dies sagt, heißt uns, auf die Freiheit uns zu bereiten.*
> *Wer sterben gelernt hat, hat verlernt, Sklave zu sein.*
> *Seneca (Sen. epist. 26)*

DER BLICK IN DAS GELOBTE LAND

D ie Geschichte vom Exodus ist erst mit der Ankunft im gelobten Land Kanaan vollständig erzählt. Schon in den Sklavenhäusern Ägyptens träumte das Volk der Hebräer davon, in diesem Land zu leben, das vor langer Zeit einmal ihres gewesen war. Es ist das große Sehnsuchtsziel und die Hoffnung, die die Leute in der Wüste hatte durchhalten lassen. Und Gott steht zu seinem Versprechen. Das Volk darf in der neuen Heimat ankommen. Allerdings: Der Mann, den Gott berufen hatte, das Volk Israel aus der Sklaverei durch die Wüste ins gelobte Land zu führen, darf bei der sogenannten Landnahme nicht mehr dabei sein. Gott lässt Mose nur einen kurzen Blick in das verheißene Land werfen und sagt dann zu ihm:

> »Dies ist das Land, das ich Abraham, Isaak und Jakob versprochen habe. Ich habe geschworen, es deinen Nachkommen zu geben. Du, Mose, hast das Land zwar sehen dürfen, aber hineinkommen wirst du nicht.« Mose, der Knecht des Herrn, starb dort im Land Moab. So hatte es der Herr bestimmt. Deuteronomium 34,4−5 (BB)

Ist das nicht unfair? Ist es nicht gemein von Gott, dass Mose kurz vor dem großen Ziel sterben muss, gerade als die Erfüllung aller Sehnsüchte endlich zum Greifen nahe ist? Was soll das? Ist das nicht undankbar, nach allem, was Mose getan und bewirkt hatte? Mose hatte zu einer Berufung ja gesagt, die mehr als nur ein paar Nummern zu groß für ihn war.

Er hatte das Sklavenvolk der Hebräer erfolgreich motiviert, sich auf den ungewissen Weg in die Freiheit zu machen. Er war todesmutig zum mächtigsten Mann der Welt gegangen, um ihm von Gott auszurichten, dass sein Volk sich ab sofort nicht mehr knechten lassen würde. Er hatte offensichtlich genug Gottvertrauen ausgestrahlt, dass die Menschen ihm zu Fuß(!) durch ein Meer(!) gefolgt sind. Er hatte leidenschaftlich für Gottes Gebote gekämpft und sein Volk trotz Hunger, Durst, Krieg und Wüste irgendwie zusammengehalten. Er hatte mit Menschen, mit Gott und nicht zuletzt mit seinen eigenen Abgründen gerungen und gekämpft. Das alles folgte nur einem einzigen Ziel: Kanaan! Und jetzt sind sie fast da. Sie müssen nur noch den Jordan überqueren, nur die letzten Schritte gehen. Aber Moses Leben, seine Geschichte und seine Berufung enden hier abrupt. Wie ein Sportler, der sich kurz vor Olympia verletzt – oder wie Beethovens zehnte Sinfonie, die er nicht mehr vollenden konnte. Am Ende hätten ein paar Tage mehr gereicht, um zu einem würdigen Abschluss zu kommen. Aber Gott scheint diese Wertschätzung für Moses Lebenswerk nicht aufbringen zu wollen. Oder?

Es gibt einen einfachen Grund, warum es alles andere als unfair ist, dass Mose vor der Überquerung des Jordans stirbt: Die biblischen Bücher Josua und Richter erzählen uns von den massiven Kämpfen, die das Volk ausfechten muss, um wirklich in Kanaan Fuß fassen zu können. Mit der Überquerung des Jordans ist es nicht getan, im Gegenteil: Auf der anderen Seite des Flusses fangen die Probleme erst an. Die Ankunft im gelobten Land ist mindestens genau so anstrengend wie die Flucht aus Ägypten. Und der Weg bis zur Etablierung eines neuen Staates in der alten Heimat ist äußerst lang und holprig – wann hätte Mose denn das Spielfeld verlassen sollen, wenn nicht jetzt? Der Auszug aus Ägypten und die Wüstenzeit waren wahrlich genug Inhalt für ein Menschenleben. In Wahrheit ist es ein Zeichen der großen Gnade Gottes, dass Mose seine Verantwortung und sein Leben abgeben und einer neuen Generation von Anführern den Staffelstab übergeben darf. Es ist die Gnade Gottes, mit der er Mose einen Blick in das gelobte Land werfen lässt. Er darf mit eigenen Augen sehen, dass die Ankunft bevorsteht und dass Gottes Versprechen wahr werden. Aber die Landnahme wäre ein Kampf zu viel für ihn. Und selbst der große, heldenhafte Mose muss nicht alles schaffen.

Ich beginne langsam zu verstehen, was das für meinen Exodus aus der Angst bedeutet: Dieser Kampf wird nicht innerhalb meines Lebens zu Ende sein und schon gar nicht werde ich ihn gewinnen. Aber es geht auch gar nicht darum, dass ich irgendwann im Land der absoluten Angstfreiheit ankomme und im Paradies auf Erden lebe. Es reicht völlig aus, wenn ich sehen darf, dass dieses Paradies existiert und dass Gott sein Versprechen, die Angst zu besiegen, einhält. Mein Leben wird nicht unvollendet sein, nur weil ich nicht endgültig frei von Angst bin, wenn ich sterbe. Dieser Anspruch wäre auch viel zu groß für mich. Die Wahrheit ist: In meinem Leben wird die Angst für immer eine Rolle spielen. Mehr und mehr realisiere ich, dass ich das nicht nur akzeptieren kann, sondern sogar damit versöhnt bin. Die Angst wollte mich von Gott trennen und der Zweifel an seiner Liebe, den sie mir ins Herz säte, sollte sie zu meiner unangefochtenen Regentin machen. Sie wollte Gott vom Thron stoßen. Erreicht hat sie das Gegenteil: Ich war nie so überzeugt von Gottes Liebe wie heute und noch nie war ich mir der Macht Gottes und seiner Möglichkeiten in meinem Leben so bewusst. Weil ich diese große Reise ohne die Angst nie angetreten hätte und weil ich all diese Kämpfe und

Wunder ohne die Angst nicht erlebt hätte, bin ich ihr schon fast dankbar, dass sie mich so nachhaltig in die Arme Gottes getrieben hat.

Eines Tages werde ich sterben dürfen, ohne dass ich dafür mein Kanaan erreicht haben muss. Mein Leben ist nicht erst gut, wenn die Angst ganz verschwunden ist. Es kann jetzt schon gut sein. Und dafür reicht mir die Gewissheit, dass mein Kanaan existiert. Es reicht ein Blick über die Grenze. Ich glaube, Mose hatte das verstanden. Und darum starb er nicht mit Verbitterung und Bedauern. Sein Leben war nicht unvollendet. Ganz im Gegenteil: Mose war seinen Trampelpfad in die Arme Gottes oft genug gegangen, um am Ende seines Lebens das Vertrauen zu haben, dass es richtig und gut ist, so wie es ist. Er hatte mit den Jahrzehnten einen klaren Blick für Gottes Gnade und seine Güte entwickelt. Dieser Blick gab ihm die Kraft, all diese menschenunmöglichen Dinge zu schaffen und sich gleichzeitig jederzeit auf Gott allein zu verlassen. Und es war dieser Blick, der ihn am Ende seinen letzten Weg auf eine Art und Weise gehen ließ, wie ich es auch tun will. Sein Sterben war kein Straucheln und Stolpern durch die letzte Tür, sondern ein würdiger Abschluss eines starken Lebens. Seine letzten Worte loben Gott als den, dessen Wege nie verkehrt und dessen Taten immer treu sind.

> *Ich will preisen den Namen des Herrn: Gebt unserem Gott die Ehre! Er ist der Fels, sein Tun ist vollkommen. Denn alle seine Wege sind gut. Er ist ein treuer Gott, niemals betrügt er. Gerecht und rechtschaffen ist er.*
>
> *Deuteronomium 32,3–4 (BB)*

Als Mose starb, war er 120 Jahre alt. Seine Augen waren nicht schwach geworden, seine Lebenskraft war nicht gewichen.   *Deuteronomium 34,7 (BB)*

ABSCHIEDSBRIEFE UND ZUKUNFTSPLÄNE

Heute ist der 26. April. Dass ich es bin, der diesen Satz schreibt, ist ein weiterer Beweis dafür, dass die Angst lügt. Denn heute bin ich einen Tag älter als Blaise Pascal es jemals war, ganz entgegen der Ankündigung der Angst, ich würde mir mit ihm den Todestag teilen. Dieser Tag heute ist ein besonderes Geschenk für mich, denn ich darf leben.

Ich durfte an diesem Morgen meine Kinder und meine Frau in den Arm nehmen. Ich durfte die klare Morgenluft atmen und die Sonne schien mir ins Gesicht. Ich darf Pläne machen, verrückte Ideen umsetzen, Musik hören, gute Filme gucken, feiern, lieben und lachen. Ich darf in der Dämmerung des Sonnenaufgangs laufen gehen, mit dem Fahrrad durch die Landschaft fahren, mich mit meiner Kamera auf die Lauer legen und die Natur fotografieren und den Urlaub am Meer genießen. Ich darf Menschen von der unfassbaren Liebe Gottes erzählen, die ich erlebe. Ich darf ihnen dabei helfen, ihre Angst vor Gott und dem Leben abzulegen, weil ich Zeuge davon geworden bin, wie Gott die Herrschaft der Angst in meinem Leben beendet hat. Ich darf diese Berufung leben und Gott damit dienen. Und das macht mich glücklich.

Und dennoch waren die letzte Zeit und besonders der Tag gestern nicht leicht für mich. Ich stehe immer wieder neu in der Gefahr, in mein altes Sklavendenken abzurutschen. Ich kann sehr gut nachvollziehen, warum das Volk Israel sogar Jahrzehnte nach der Befreiung immer wieder die Haltung von Sklaven angenommen hat, warum die Menschen immer wieder Angst bekamen und sich deshalb vor den falschen Göttern

und vor Menschen auf die Knie warfen. Sie hatten diese Skla-
venmentalität, mit der sie und ihre Vorfahren aufgewachsen
waren. Und es braucht nur einen passenden Trigger und sie
zeigen diese fast schon automatisierte Sklavenreaktion. Man
kann dieses Verhalten sehr leicht verurteilen, wenn man selbst
nie Sklave war. Doch ich verstehe heute, wie schwer es ist, den
Instinkt der Unterwerfung abzulegen und nur Gott allein zu
ehren und nur ihm zu vertrauen, wenn die Angst sich mal wieder aufbläht.

In der Werkstofftechnik wird an Materialien geforscht, die
immer wieder in die Form zurückkehren, die ihnen ursprünglich gegeben wurde. Und das, obwohl sie eben nicht elastisch
sind wie ein Gummiband. Man nennt diese Materialien Form-
gedächtnislegierungen oder auch Memorymetalle. Es handelt
sich um Metalle, aus denen man zum Beispiel einen Kotflügel
formen könnte. Wenn das Auto dann einen Unfall hat und der
Kotflügel beschädigt wird, reicht es, ihn auf eine bestimmte
Temperatur zu erhitzen und er bekommt wie von Zauberhand
seine alte Form zurück, so als würde er sich daran erinnern.

Ganz ähnlich funktioniert die Prägung eines Sklaven. Wer
einmal gelernt hat, Untertan zu sein, speichert diese Form
lebenslang in seiner Seele ab. Sklaven können befreit werden und in Freiheit leben. Sie können sozusagen zum Guten
verformt werden. Sie können rational verstehen und begrei-
fen, dass sie in Freiheit leben, und sie können dieses Leben
lieben. Jahrzehntelang können sie so leben und die Sklaverei
nur noch als grauverschwommene Erinnerung kennen. Aber
dann genügt es, dass es etwas heiß wird in ihrem Leben, weil
schwierige Situationen kommen und sie unter Druck gesetzt
werden. Oder sie hören die Stimme des Unterdrückers. Und
wie von Zauberhand rutschen sie in ihre alte Identität zurück
und arbeiten wie Roboter ihr Sklavenprogramm ab.

So erging es dem Volk Israel immer wieder. Und auch ich bin nicht frei davon. Gerne hätte ich den 25. April als einen Sonntag wie jeden anderen betrachtet. Gerne hätte ich diese Todesankündigung einfach abgeschüttelt und souverän ignoriert. Am liebsten hätte ich müde gelächelt über den Versuch der Panik, mich zu manipulieren. Aber so einfach ist das nicht. Das Gefühl, vielleicht doch nur bis zum 25. April zu leben, stieg immer mal wieder in mir hoch. Je näher dieser Tag rückte, desto mehr Gedanken machte ich mir dazu. Ich überlegte sogar, ob ich vielleicht provisorisch Abschiedsbriefe an geliebte Menschen schreiben sollte. Würde nichts geschehen, könnte ich sie ja für mich behalten. Aber was, wenn doch? Dann wäre es doch gut, sich zumindest zu verabschieden. Ich fühlte mich, als würde Druck auf mich ausgeübt, damit ich in meine alte Sklavenform zurückschnelle. Gleichzeitig waren die letzten Wochen auffällig stark von Zukunftsplänen und neuen Möglichkeiten gekennzeichnet. Nicole und ich verbrachten viel Zeit mit ausgiebigen Spaziergängen, auf denen wir uns über Projekte und Ziele austauschten. Gleichzeitig setzte sich der Frühling immer stärker durch, die Bäume blühten wie verrückt vor knallblauem Himmel und es wurde immer wärmer. Diese Lebensfreude und Motivation war jeden Tag spürbar. So war ich ständig hin- und hergerissen zwischen der Beschäftigung mit dem Tod und der Beschäftigung mit dem Leben.

Ich werde nicht sterben, sondern leben und erzählen, was der Herr getan hat!   *Psalm 118,17 (BB)*

Wieder einmal war es mein liebster Psalm 118, der der Angst etwas entgegensetzte. Hunderte Male habe ich diesen Vers schon gelesen und vor mich hingemurmelt. Jetzt bekam er eine neue, kräftige Bedeutung für mich. Der 25. April war ein

Sonntag. Ein Tag, an dem ich predigen würde. Und ich kenne die Angst. Sie will, dass ich sie und den Tod vermeide. Aber ich bin in der Offensive angekommen. Memento mori! Ich gehe auf die Angst zu und blicke ihr ins Gesicht. Ich verscheuche sie aus meinem Leben, denn Gott hat mir diese Vollmacht gegeben.

Es konnte nur ein Thema geben für diese Predigt: Die Angst vor dem Tod und wie wir sterben lernen können. In der Vorbereitung dieser Predigt stellte ich mir vor, mein altes Ich von vor 18 Jahren würde mich sehen, wie ich an einem solchen totalen Paniktag, mitten unter Angriffen der Angst, vor einem Mikrofon stehe und darüber predige, dass man sterben lernen kann. Für mein altes Ich wäre das eine vollkommen skurrile Vorstellung gewesen, wie ein Blick in ein völlig unerreichbares gelobtes Land. Der 25. April zeigte mir, wie angreifbar ich trotz allem nach wie vor bin. Aber gleichzeitig zeigte er mir auch, wie weit Gott mit mir schon gekommen ist auf meinem Exodus. Und dafür bin ich sehr dankbar.

Es wurde trotzdem eine Panikpredigt. Ich war davor nervös wie bei einer meiner ersten Predigten überhaupt. Mein Puls pumpte in meiner Halsschlagader. Meine Füße fühlten sich kalt an und schwitzten. Meine Knie wackelten. Ich atmete flach. Ich war panischer, als ich erwartet hatte. Ich ärgerte mich, konnte aber nicht viel darüber nachdenken. Ich blickte fest in die Kameralinse, die meine Predigt aufzeichnete und live über das Internet zu vielen Menschen übertrug. Und ich predigte. Ich predigte über Michel de Montaigne und sein lebensveränderndes Nahtoderlebnis. Und ich predigte über Paulus, der im zweiten Korintherbrief über die Sehnsucht nach dem himmlischen Zuhause spricht, ohne dabei die Not in seinem Leben zu ignorieren. Er wusste ganz genau, dass er Tag für Tag ein bisschen mehr starb. Aber er vertraute auch darauf, dass er Tag für

Tag ein bisschen mehr von Gottes Gnade und Herrlichkeit in seinem Leben sehen durfte. Und darauf, an seinem letzten Tag nicht nackt dazustehen (2. Korinther 5,3). Dafür hörte er auf, sich an all den sichtbaren Dingen festzuklammern, die unser Leben zu dominieren scheinen. Er richtete seinen Blick auf die unsichtbaren Dinge, die unvergänglich sind: Liebe, Hoffnung und Sehnsucht. Und mit jeder Minute meiner Predigt tat auch ich das ein wenig mehr.

Auf meiner langen Reise aus dem Ägypten meiner Angst habe ich so viel erlebt und noch mehr gelernt. Mit jedem Schritt wuchs mein Vertrauen, aber auch mein Selbstbewusstsein. Ich lernte, wie ich meinem Pharao begegnen kann. Ich erlebte das Wunder meines Schilfmeeres. Ich fühlte, wie unendlich liebevoll Gott ist, und verstand, wie unendlich falsch es ist, Angst vor ihm zu haben. Und ja: Es gab auch Rückschläge, die ich gar nicht mehr für möglich gehalten hatte. Ich fing irgendwann an, die verbleibende Macht der Angst zu unterschätzen. Aber die mit Abstand wichtigste Lektion, die ich auf meinem Exodus lernen durfte: Es ist Gottes Kampf! Er streitet. Er schlägt zu. Er weist die Angst in ihre Schranken. Er teilt aus und er steckt auch ein. Er beschützt mich. Es gibt nichts, was ich dazu beitragen kann, außer immer nur auf ihn zu hören, immer nur auf ihn zu vertrauen, immer nur in seiner Nähe zu bleiben. Diese eine Lehre wird mir für immer heilig sein.

»Wenn ich kämpfe, dann kämpfe ich auf meinen Knien
und mit hoch erhobenen Händen.
Gott, dies ist deine Schlacht!
Ich lege jede Angst zu deinen Füßen.
Ich singe die ganze Nacht hindurch.
Gott, dies ist deine Schlacht!«

Brian Johnson, Paul Wickham

ÜBER DEN AUTOR

Marcus Bastek bezeichnet sich selbst als *Wortfinder*. In seinem Beruf als Pastor einer Baptistengemeinde ist es seine tägliche Aufgabe und Berufung, die richtigen Worte für Situationen zu finden, in denen den meisten Menschen die Worte fehlen. Er sucht angemessene und aufrichtige Worte – ob im Gespräch mit Trauernden und Ratsuchenden, auf der Kanzel oder im Dialog mit Andersdenkenden. Neben seinen Predigten, Andachten, Gebeten und Impulsen schreibt er seine Worte auch in Liedtexte, Gedichte und nun eben in dieses Buch.

Seine wichtigste Berufung hat er aber erst über die Jahre kennengelernt: Menschen auf dem Weg in eine angstfreie Beziehung zu Gott zu begleiten.

Wenn er nicht gerade auf der Suche nach Worten ist, fotografiert der 40-jährige gebürtige Wuppertaler leidenschaftlich gern, musiziert mit der Gitarre, dem Bass oder dem Schlagzeug oder ist mit seinen beiden Töchtern (neun und fünf Jahre alt) und seiner Frau Nicole unterwegs, um neue Abenteuer zu entdecken.

Mehr aus dem Neufeld Verlag

Friedemann Büttel, *Mehr! Warum es sich lohnt, Jesus zu folgen.*
ISBN 978-3-86256-158-2, 2020

Manfred Engeli, *Makarios – Der Weg, ein glücklicher Mensch zu werden.* ISBN 978-3-86256-019-6, 4. Auflage 2018

Jayson Georges, *Mit anderen Augen – Perspektiven des Evangeliums für Scham-, Schuld- und Angstkulturen.*
ISBN 978-3-86256-090-5, 3. Auflage 2020

Adam Hamilton, *Gegen die Angst – 31 Lektionen der Hoffnung für unsichere Zeiten.* ISBN 978-3-86256-163-6, 3. Auflage 2021

Henri J. M. Nouwen, *Jesus nachfolgen – Nach Hause finden in einem Zeitalter der Angst.* ISBN 978-3-86256-162-9, 2. Auflage 2021

Bernhard Ott, *Tänzer und Stolperer – Wenn die Bergpredigt unseren Charakter formt.* ISBN 978-3-86256-156-8, 2. Auflage 2021

Daniel Plessing, *Leichter leben ohne Sorgen.*
ISBN 978-3-86256-088-2, 2018

Anders-Petter Sjödin, *Verwandelt in Gottes Nähe.*
ISBN 978-3-86256-021-9, 2012

Gary L. Thomas, *Die Kraft der unscheinbaren Kleinigkeiten – Vom Abenteuer, Jesus ähnlich zu werden.*
ISBN 978-3-86256-028-8, 2012

Dallas Willard, *Jünger wird man unterwegs – Jesus-Nachfolge als Lebensstil.* ISBN 978-3-86256-008-0, 5. Auflage 2018

Tom Wright, *Kleiner Glaube – großer Gott.*
ISBN 978-3-86256-030-1, 2013

Sabine Zinkernagel, *Wer nur auf die Löcher starrt, verpasst den Käse – Aus dem Leben mit zwei besonderen Kindern.*
ISBN 978-3-86256-027-1, 2. Auflage 2013

Der **NEUFELD VERLAG** ist
ein unabhängiger, inhabergeführter Verlag
mit einem ambitionierten Programm.

Bei Gott sind Sie willkommen! Und zwar so, wie Sie sind.

Uns liegt am Herzen, dass Menschen erfahren:

- Ⓥ Der christliche Glaube ist keine Religion,
  sondern lebt von Beziehung.
- Ⓥ Es gibt nichts Besseres, als mit Jesus zu leben.
- Ⓥ Es lohnt sich, die Bibel für das eigene Leben zu lesen.
- Ⓥ Die Gemeinschaft mit anderen Christen
  fordert uns heraus und hilft uns.

Menschen mit Behinderung bereichern!

Sie haben etwas zu sagen und zu geben, zum Beispiel:

- Ⓥ Sie erinnern daran, dass jeder Mensch einzigartig ist.
- Ⓥ Sie zeigen, dass der Wert eines Menschen nichts
  mit seiner Leistungsfähigkeit zu tun hat.
- Ⓥ Sie bremsen uns immer wieder aus und halten
  uns vor Augen, was im Leben wesentlich ist.
- Ⓥ Sie lassen erkennen, dass das Leben erfüllt sein kann –
  auch wenn es manchmal anders kommt als geplant.

Stellen Sie sich eine Welt vor,
in der jeder willkommen ist!   neufeld-verlag.de

Dieses Buch wurde in Deutschland hergestellt.

Das Papier, das dafür verwendet wurde, ist FSC®-zertifiziert.
Als unabhängige, gemeinnützige, nichtstaatliche Organisation
hat sich der Forest Stewardship Council® (FSC®) die
Förderung des verantwortungsvollen und nachhaltigen
Umgangs mit den Wäldern der Welt zum Ziel gesetzt.

Außerdem unterstützen wir ein Waldschutzprojekt in
Kolumbien. Diese Initiative schützt 1.150.200 Hektar
tropischen Regenwald und bewahrt dessen Biodiversität.
Hand in Hand mit den Gemeinden, bietet sie Bildung,
Gesundheitsversorgung, Ernährungssicherheit und
weitere soziale Leistungen für 16.000 Menschen
aus sechs indigen ethnischen Gruppen.

Dieses Buch wurde bewusst nicht in Folie
eingeschweißt; unser Versandpartner verwendet
zudem Papier und nicht Plastik als Füllmaterial.

Stellen Sie sich eine Welt vor,
in der jeder willkommen ist!   *neufeld-verlag.de*